VIES ET OEUVRES

DES

PEINTRES LES PLUS CÉLÈBRES.

VIES ET OEUVRES

DES

PEINTRES LES PLUS CÉLÈBRES

DE TOUTES LES ÉCOLES;

RECUEIL CLASSIQUE,

CONTENANT

L'ŒUVRE complète des Peintres du premier rang, et leurs Portraits; les principales Productions des Artistes de 2e et 3e classes; un Abrégé de la Vie des Peintres Grecs, et un choix des plus belles Peintures antiques;

RÉDUIT ET GRAVÉ AU TRAIT,

D'APRÈS les Estampes de la Bibliothèque nationale et des plus riches Collections particulières;

PUBLIÉ PAR C. P. LANDON, Peintre, ancien Pensionnaire du Gouvernement à l'Ecole Française des Beaux-Arts à Rome, Membre de plusieurs Sociétés Littéraires, Éditeur des Annales du Musée.

A PARIS,

Chez C. P. LANDON, rue de l'Université, N° 19, vis-à-vis la rue de Beaune.

IMPRIMERIE DE CHAIGNIEAU AÎNÉ.

1809.

SUITE

DE

L'OEUVRE DE RAPHAËL.

AVIS DE L'ÉDITEUR.

J'AI annoncé dans le prospectus de cet ouvrage que chaque volume serait composé de soixante-douze planches, dont quelques-unes, doubles, seraient comptées pour deux, selon l'usage. Le nombre prescrit se trouve complété dans ce volume, sixième de l'OEuvre de Raphaël, par quarante-deux planches simples, sept doubles, n⁰ˢ 301, 302, 303, 304, 305, 306, 307, et deux octuples, n⁰ˢ 299 et 300, ce qu'il est facile de vérifier par la dimension des sujets.

Mais afin que les Souscripteurs ne perdent pas de vue ce qui distingue les planches doubles, puisqu'elles sont sans pli; je crois nécessaire de leur rappeler, comme je l'ai fait dans les volumes précédens, que l'ouvrage avait d'abord été annoncé sous un format in-quarto ordinaire, où les planches doubles eussent été pliées; mais que depuis, pour éviter cet inconvénient, je me suis décidé à faire paraître ce recueil, sans néanmoins en augmenter le prix, sous un plus grand format, qui permît de placer les planches doubles sans les plier. Ce changement ajoute aux frais de l'édition; mais comme il devait contribuer à l'agrément de l'ouvrage, je n'ai pas hésité à l'adopter.

On pourra remarquer dans l'OEuvre de Raphaël quelques planches dont le travail est moins détaillé, et même de légères incorrections; mais si l'on considère que plusieurs ont été gravées soit d'après de simples croquis de la main de Raphaël, soit d'après de très-anciennes estampes, grossièrement exécutées, et les seules qui existent d'après des originaux qui ont disparu, on conviendra non-seulement que je ne pouvais me permettre d'y faire de trop nombreuses corrections ou additions, mais encore que les planches de ce recueil, gravées d'après de semblables modèles, leur sont préférables pour la précision des formes et la pureté du trait.

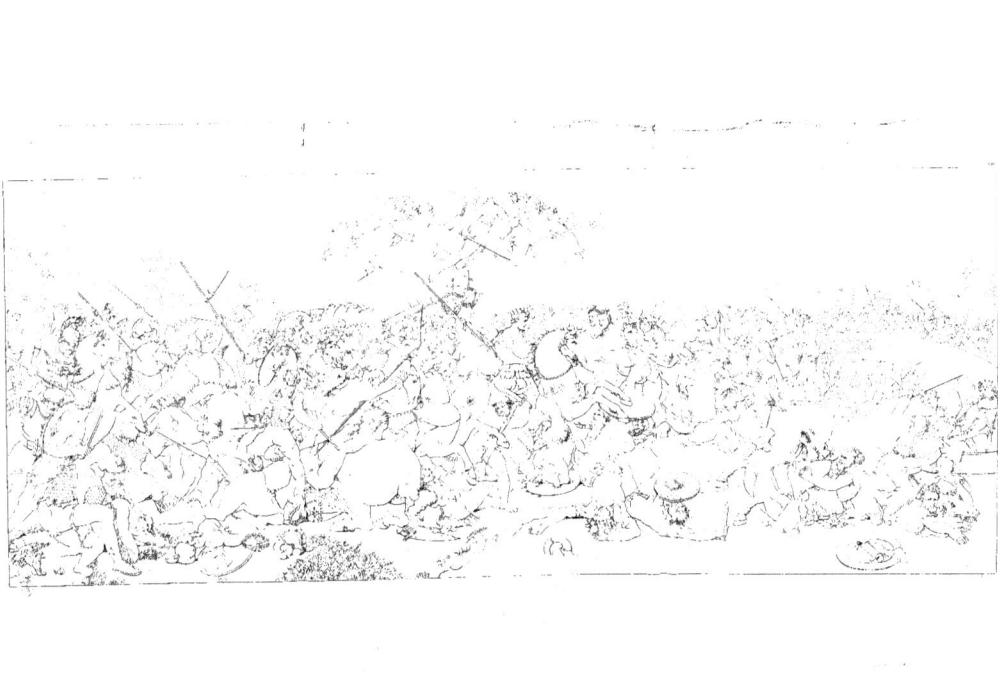

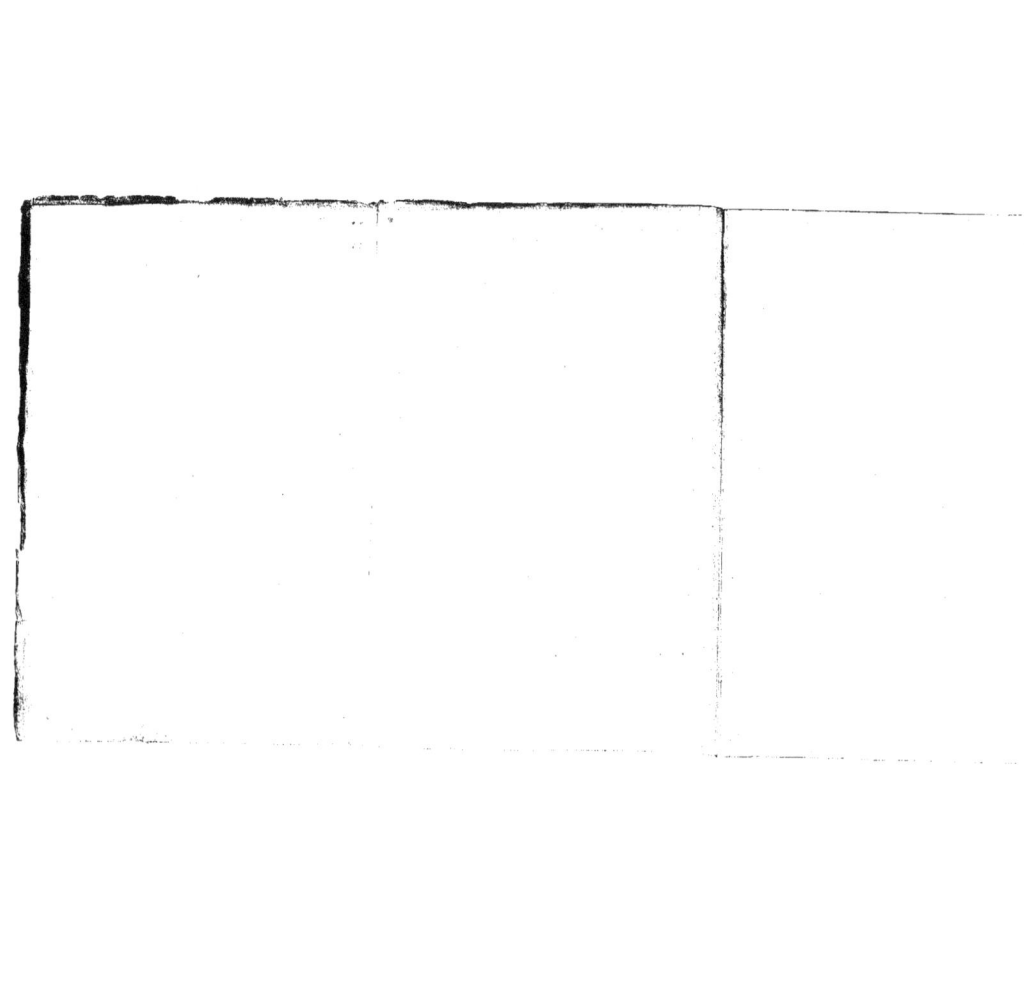

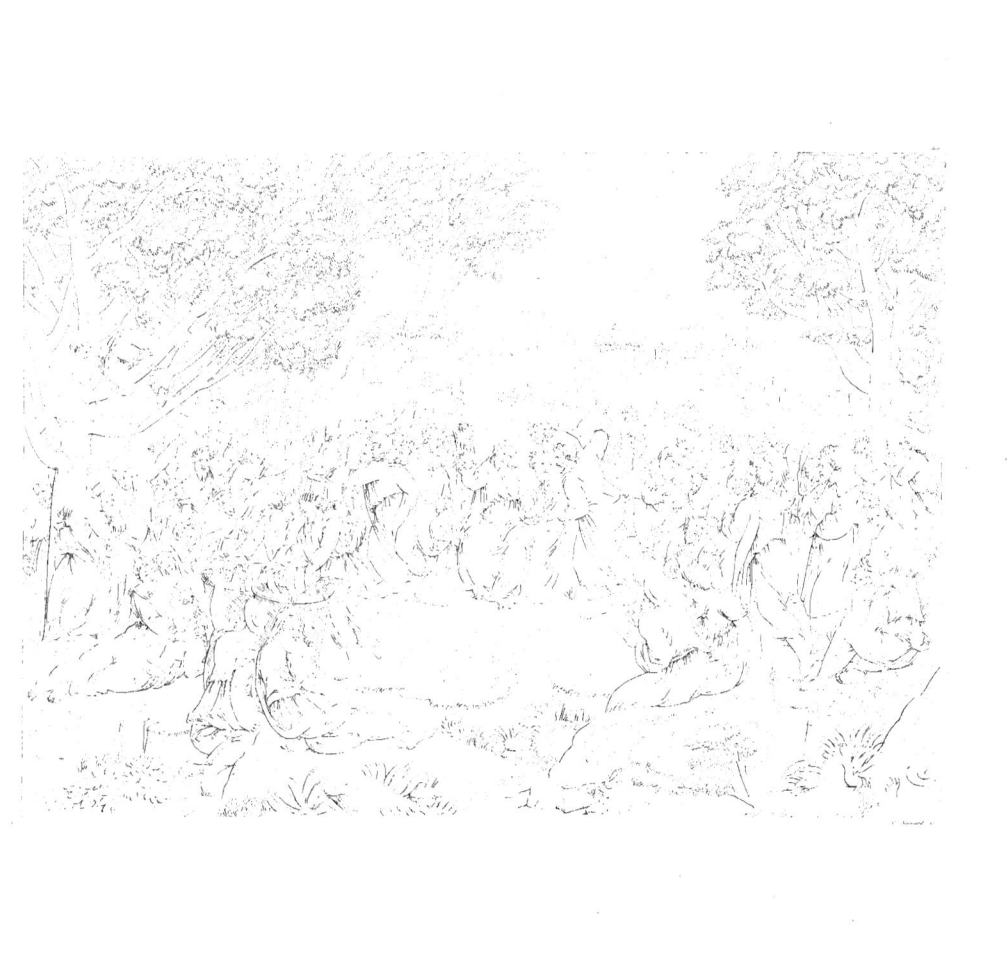

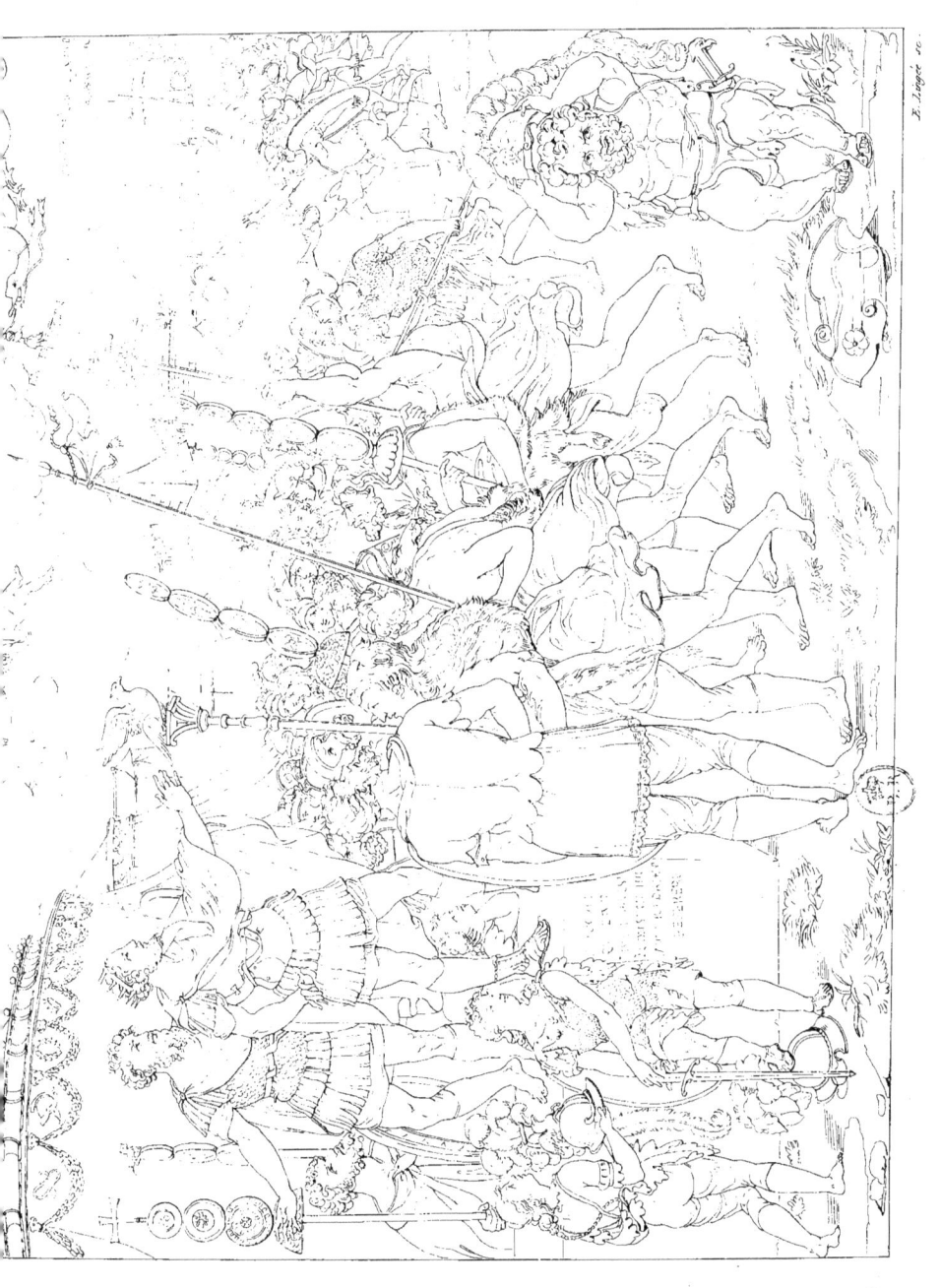

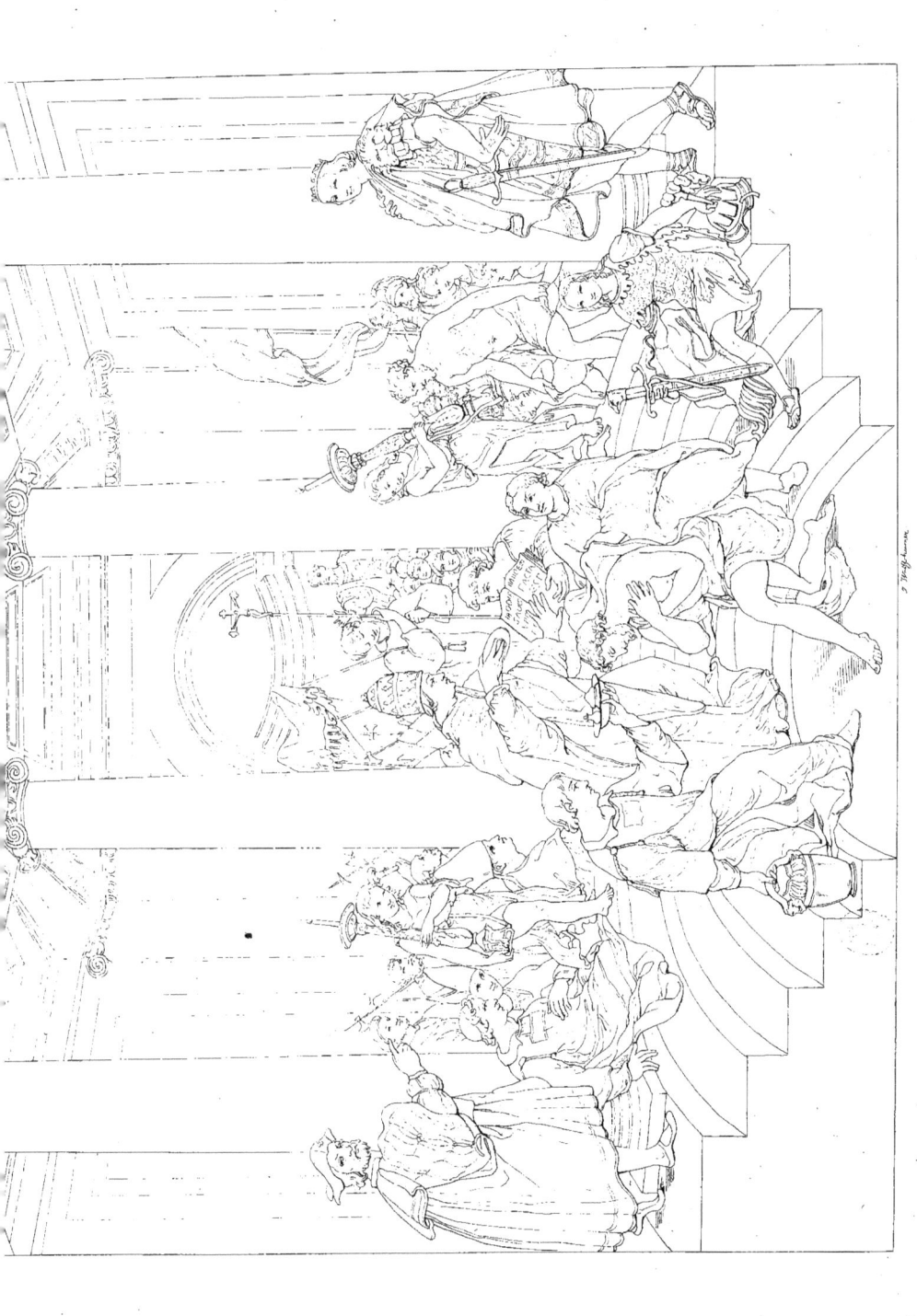

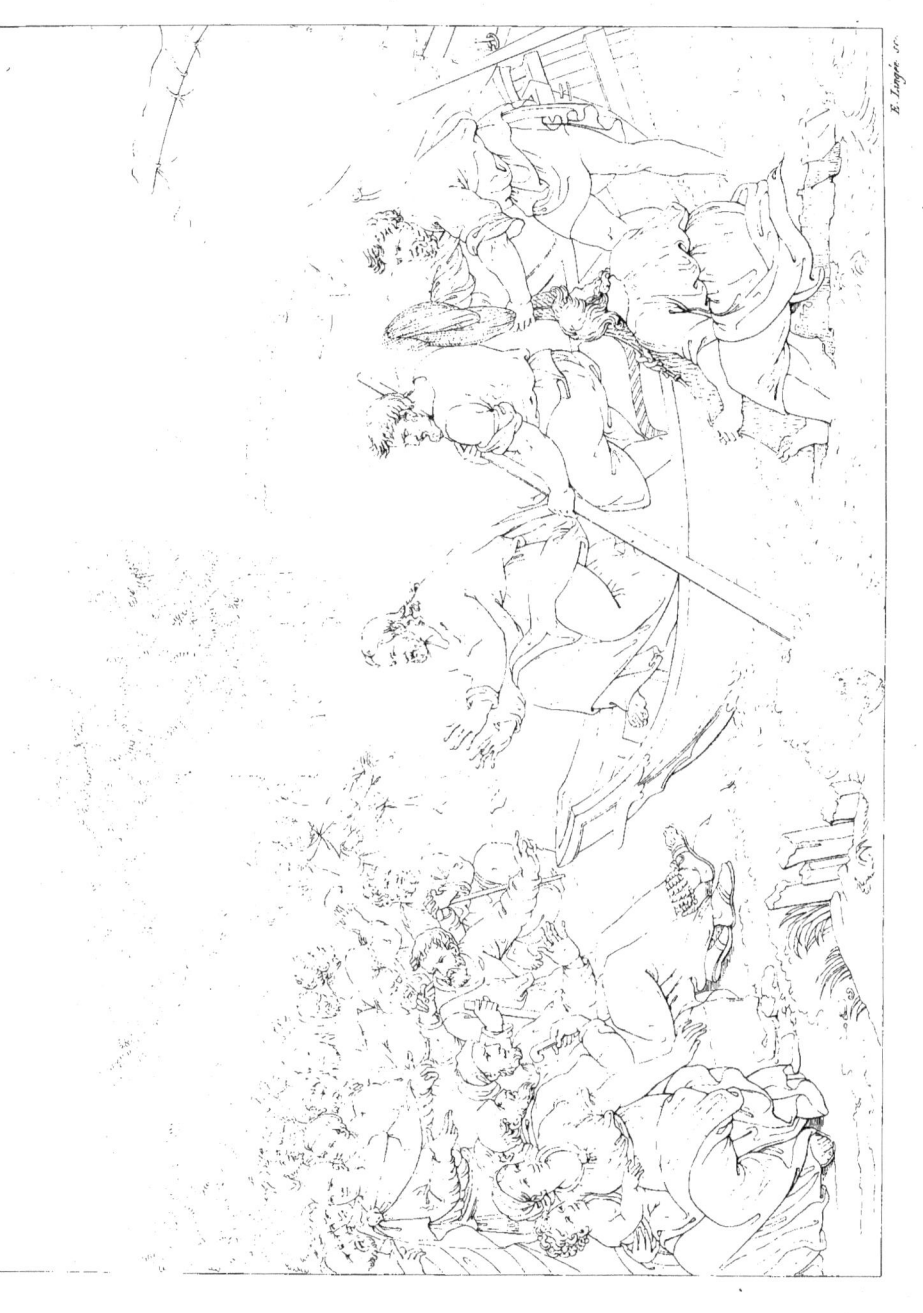

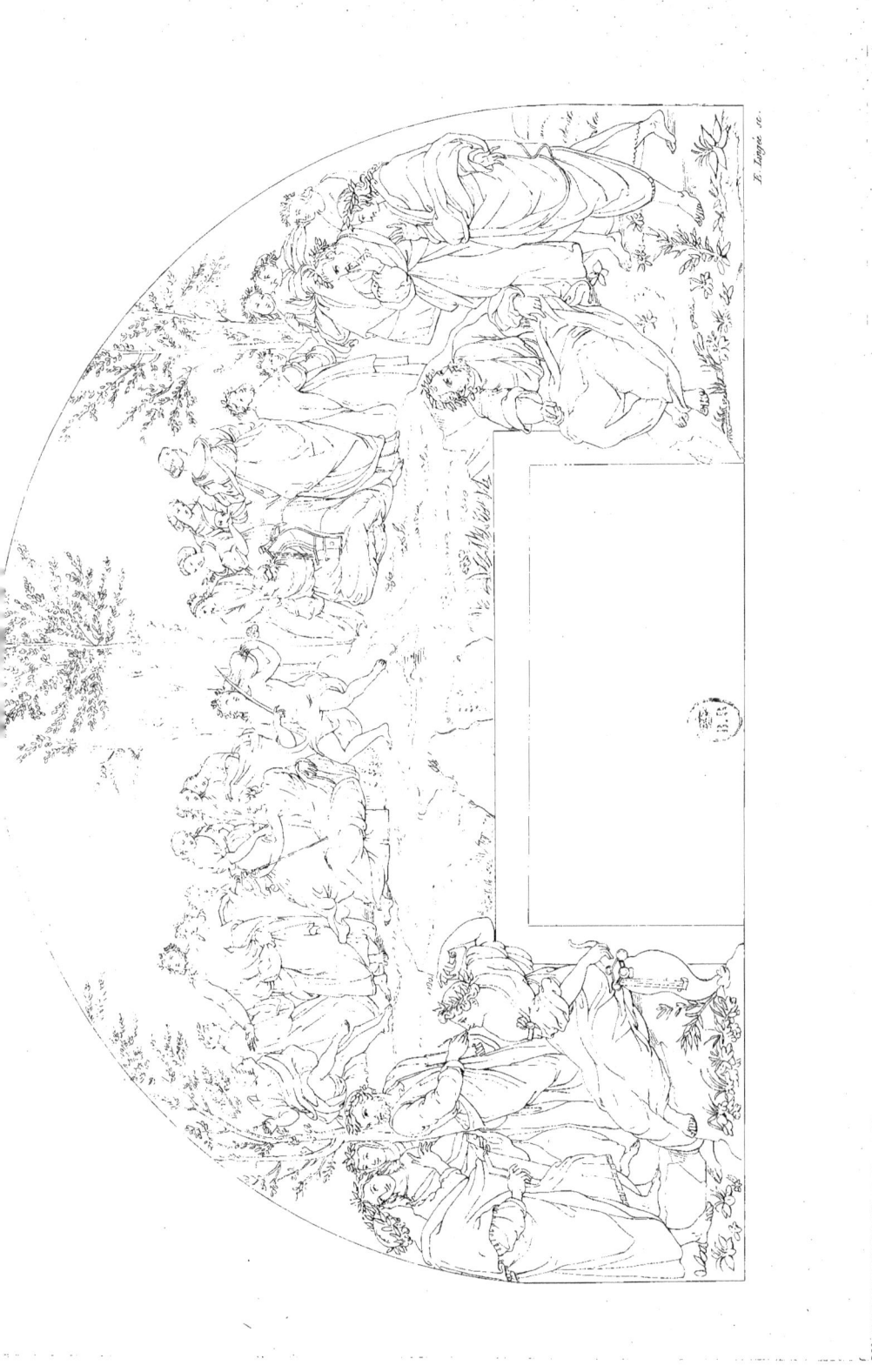

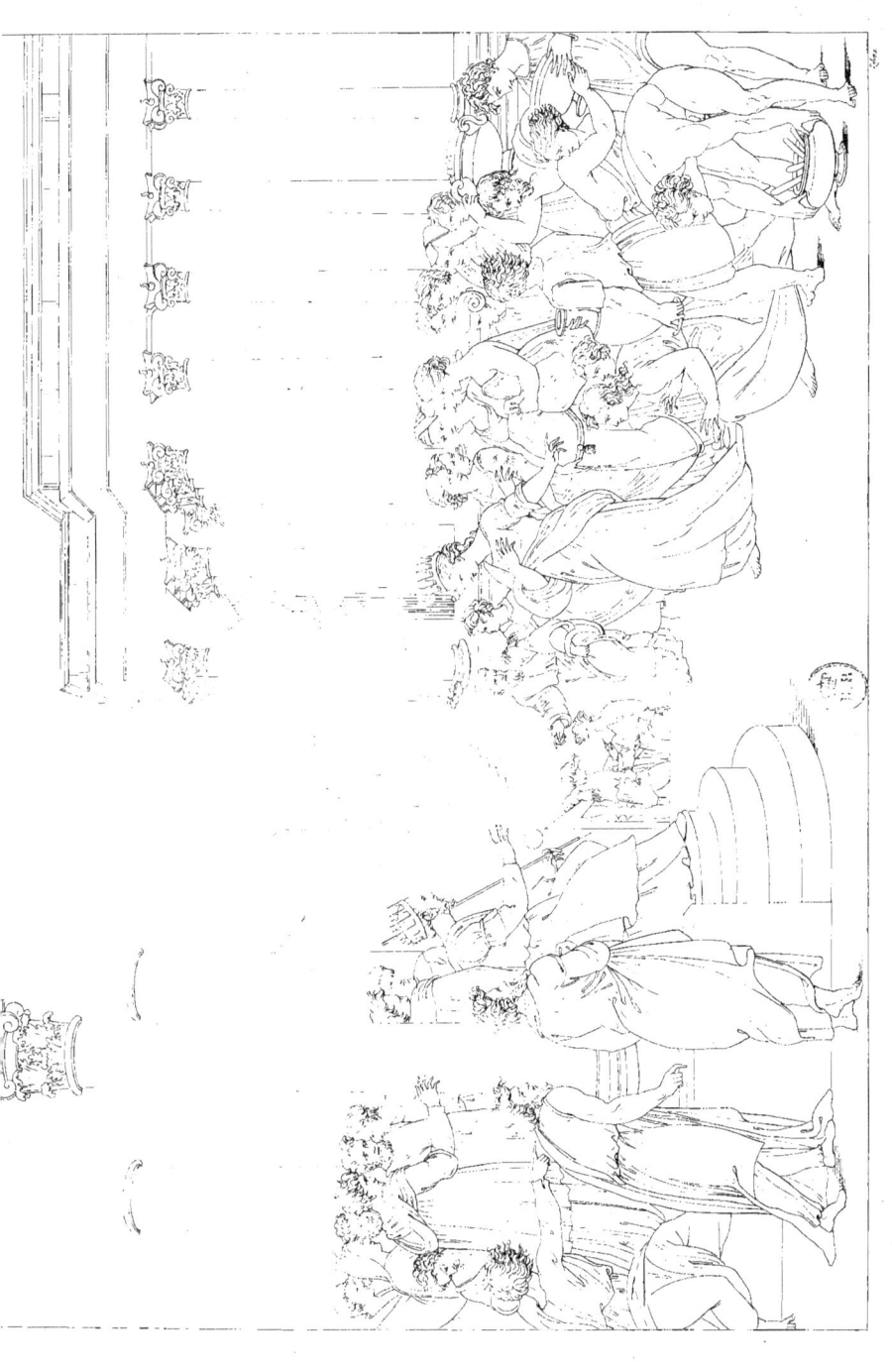

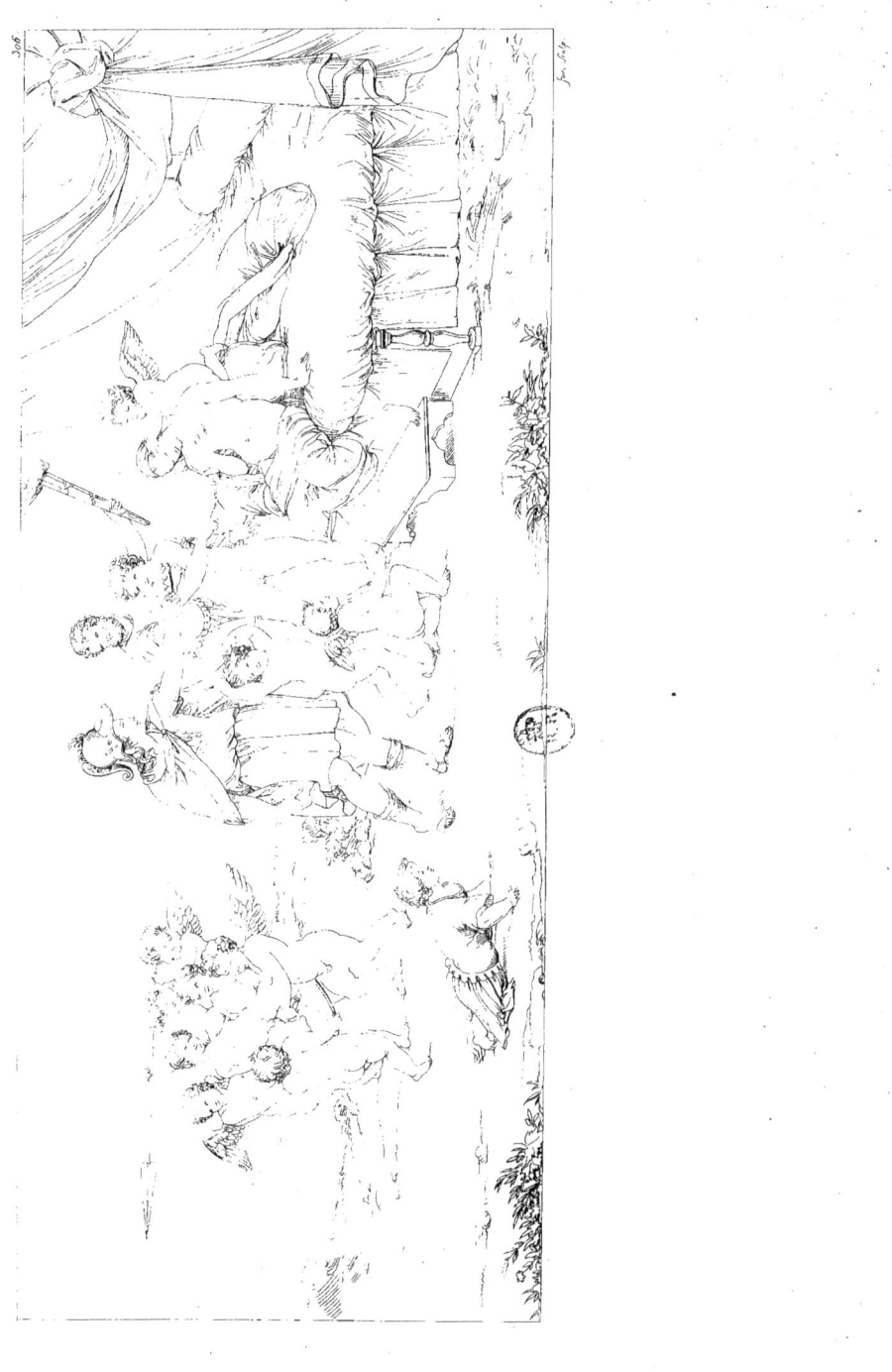

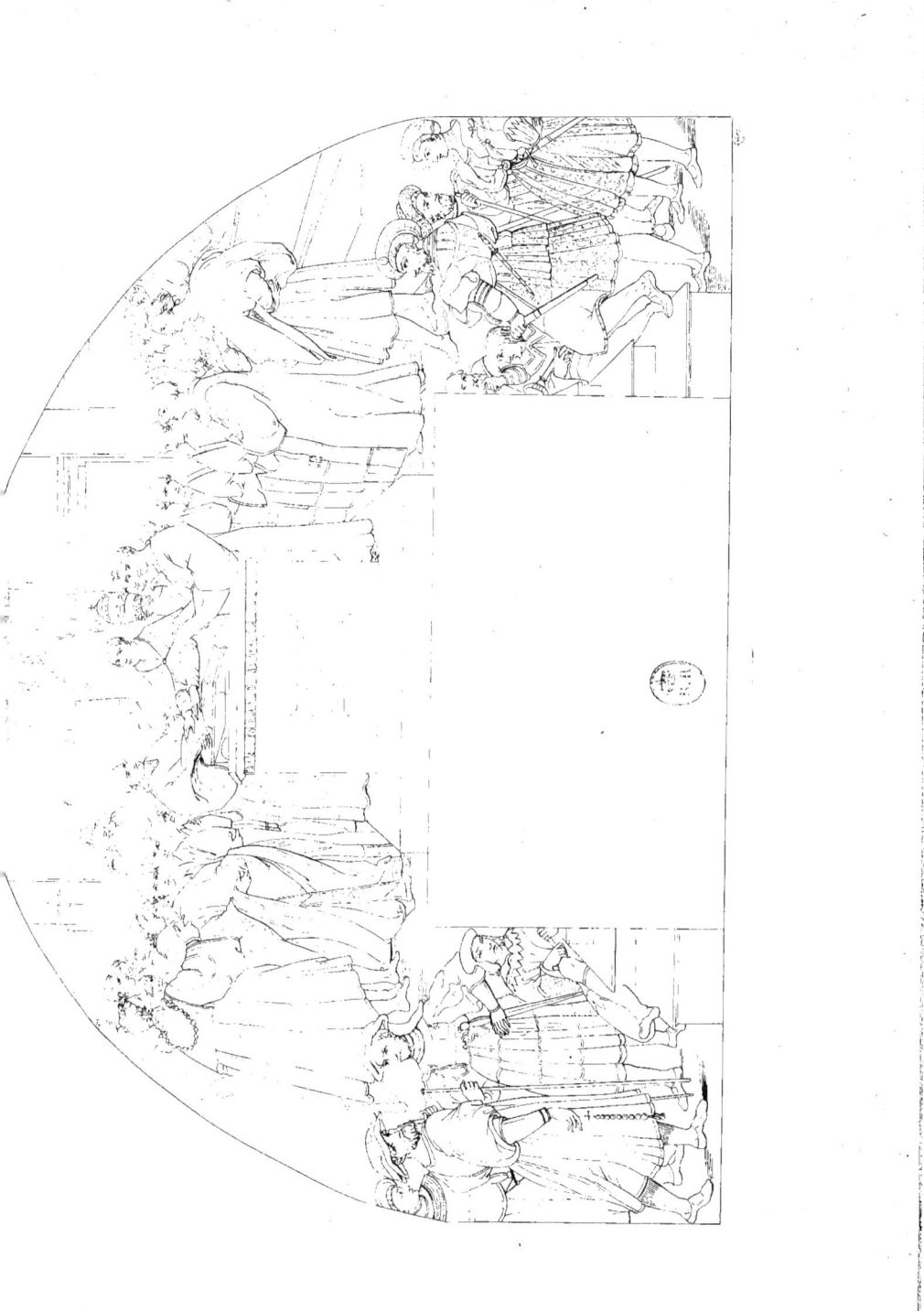

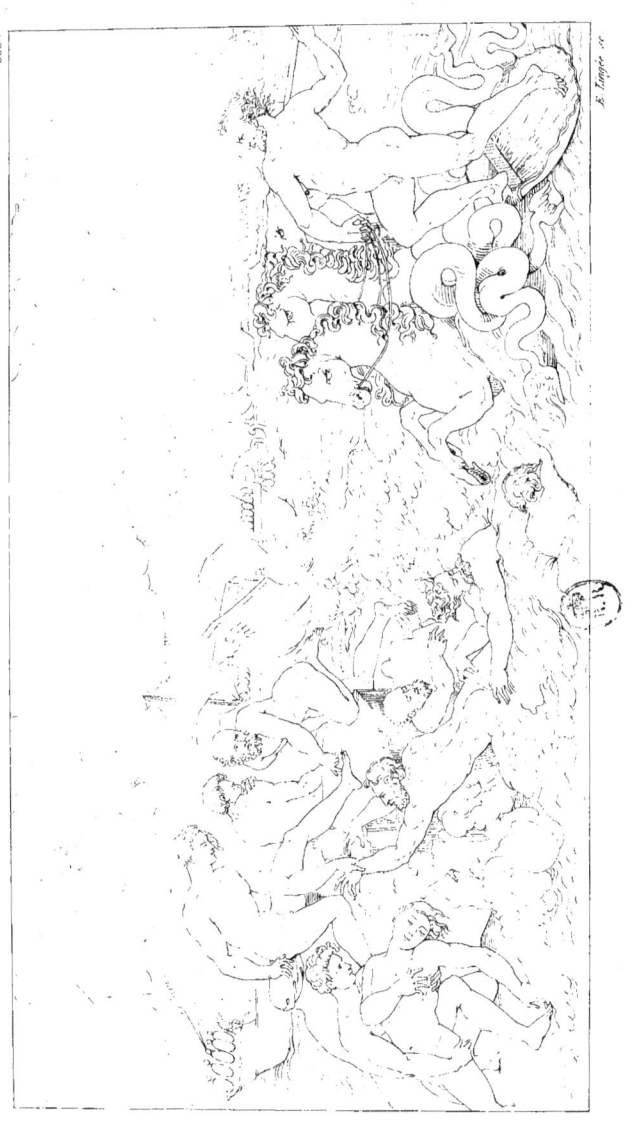

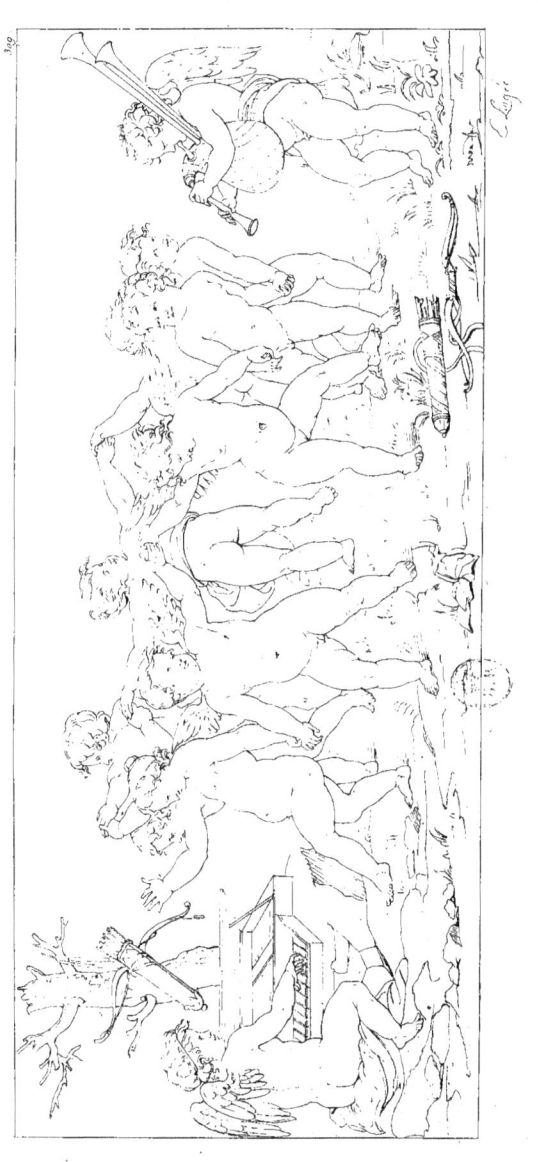

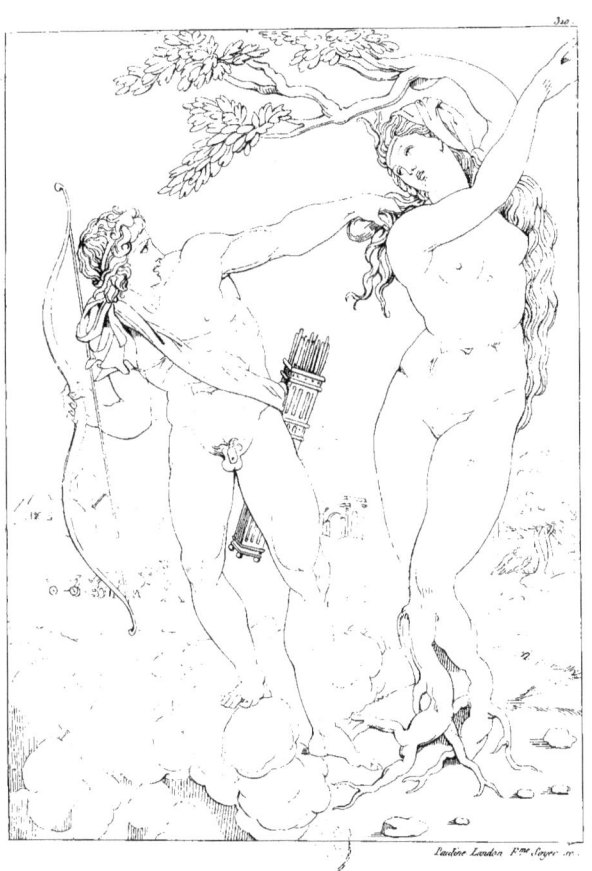

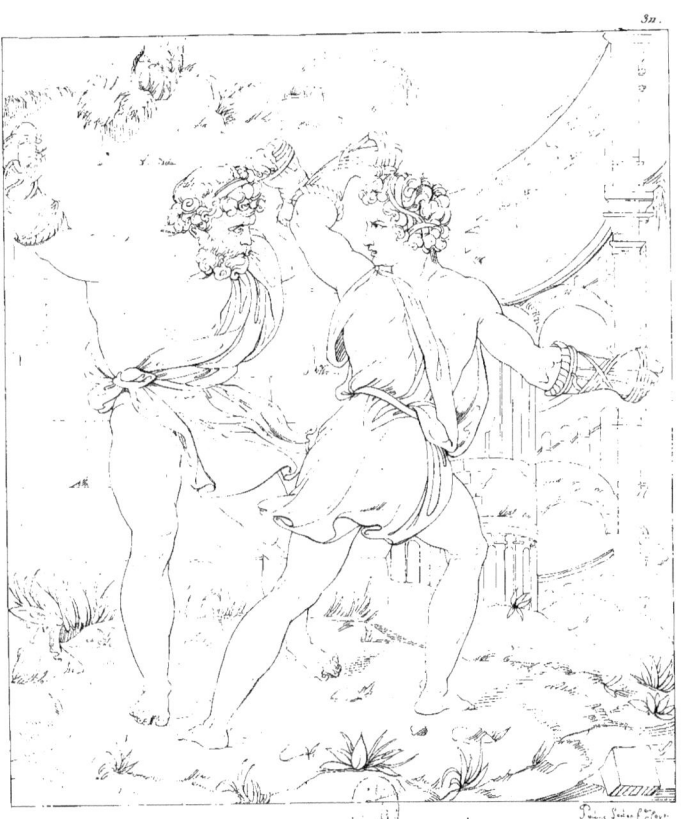

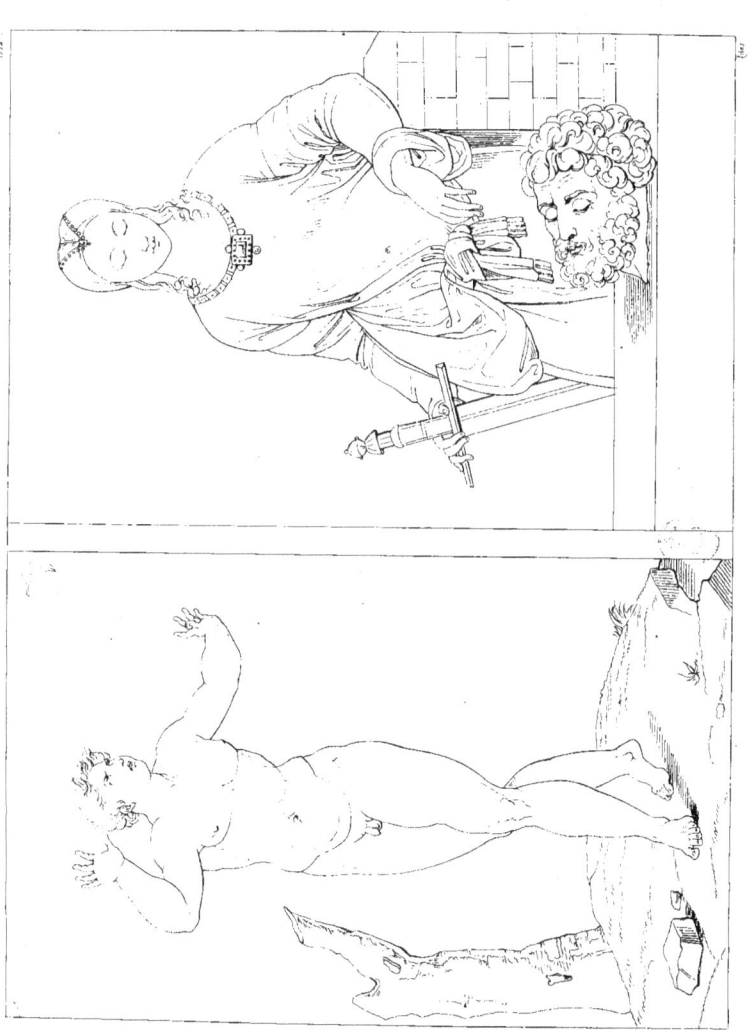

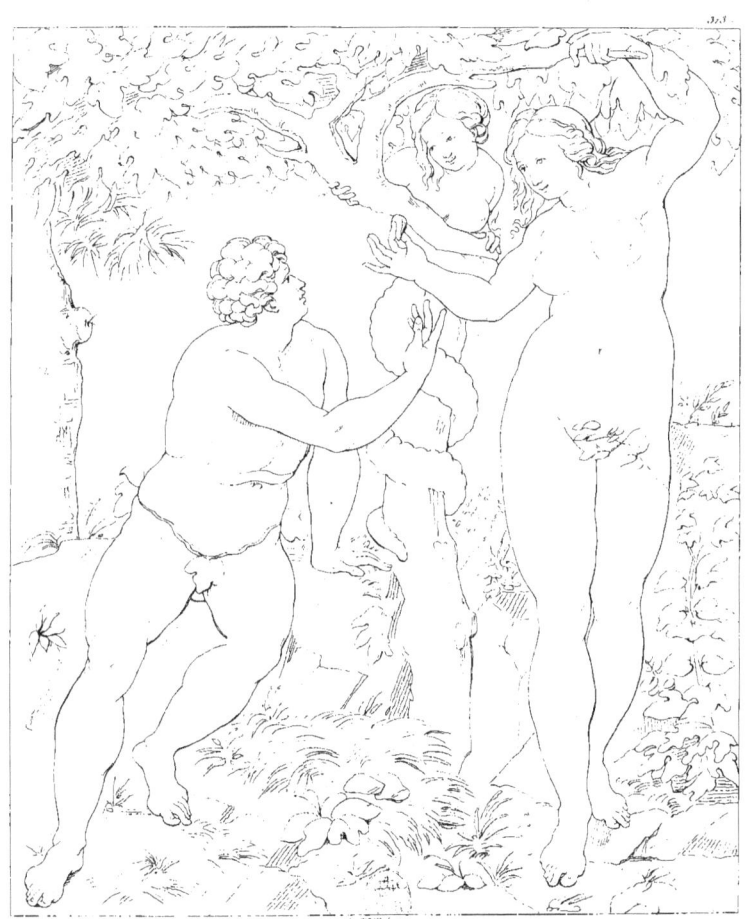

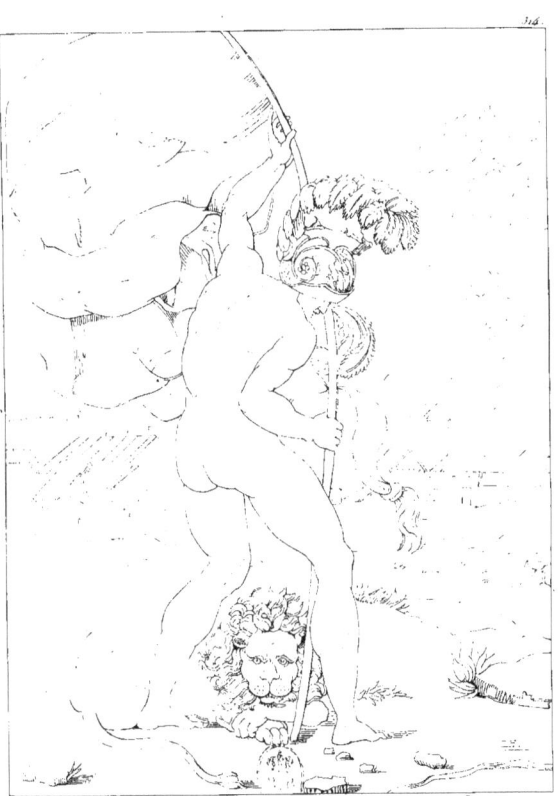

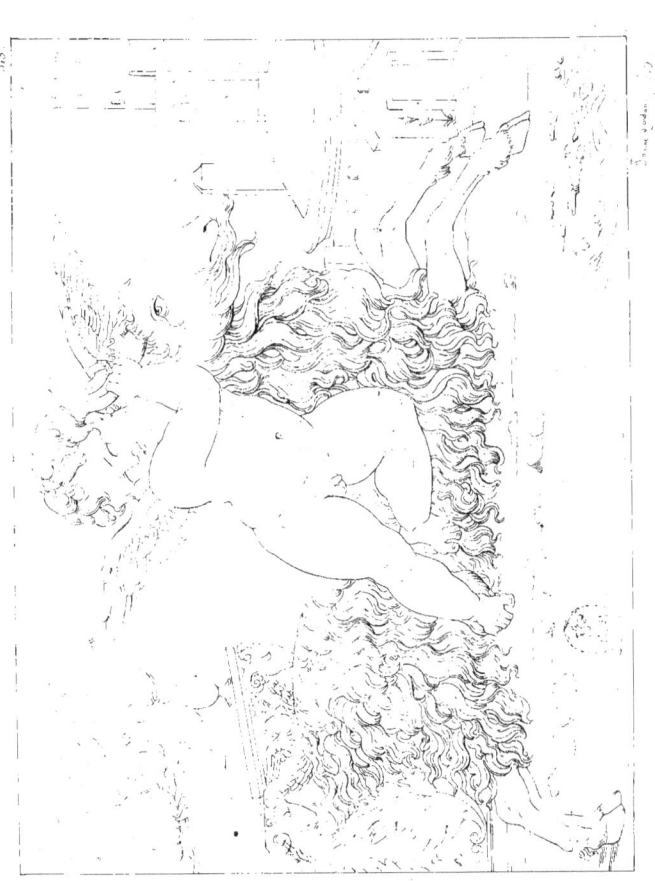

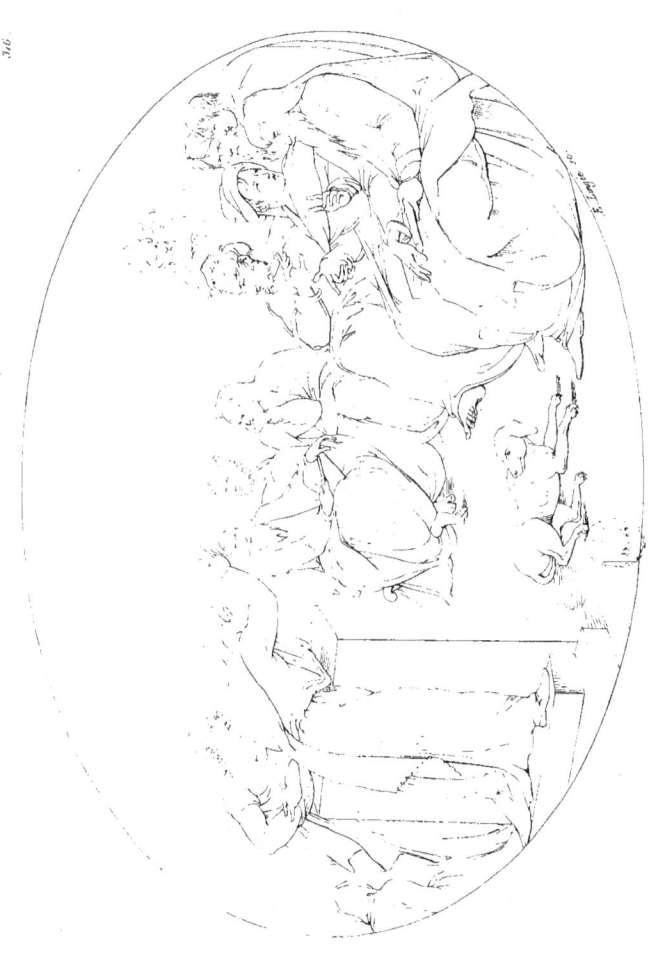

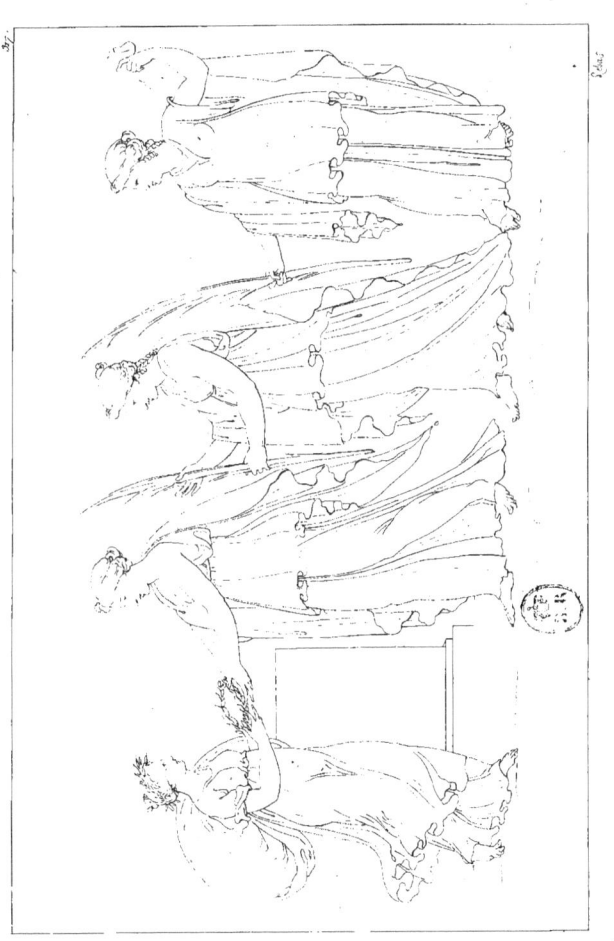

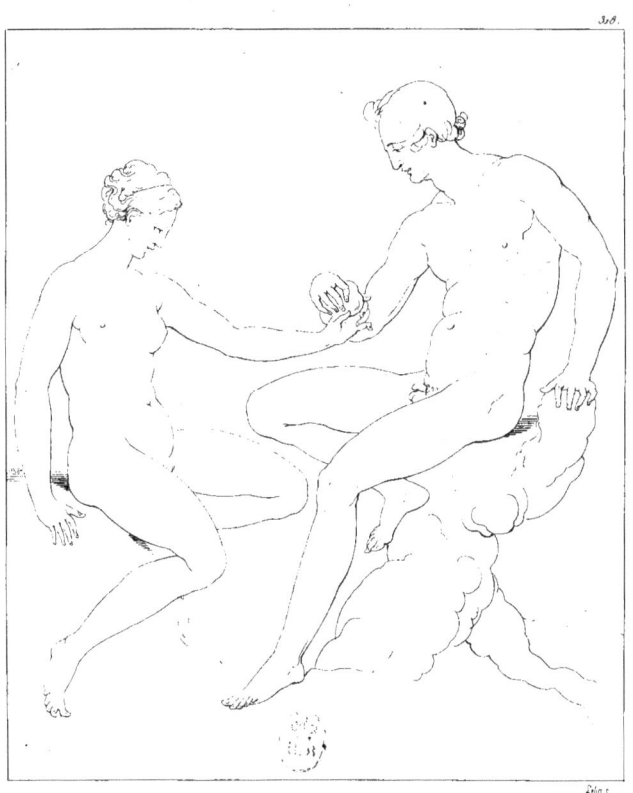

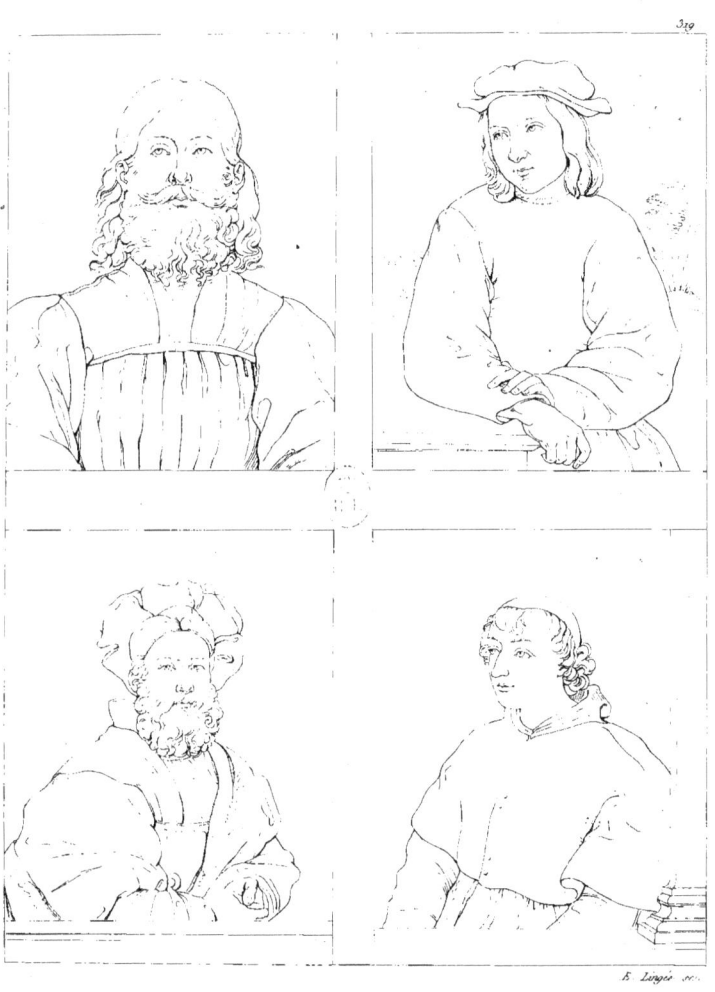

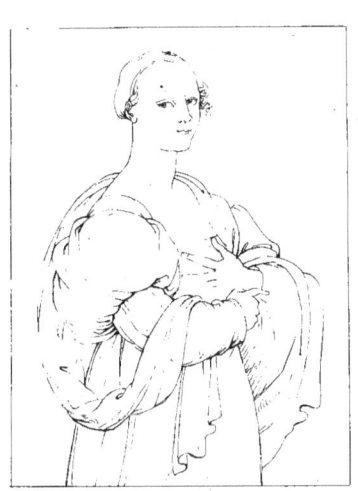
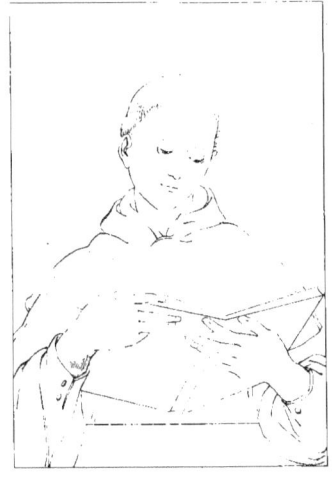
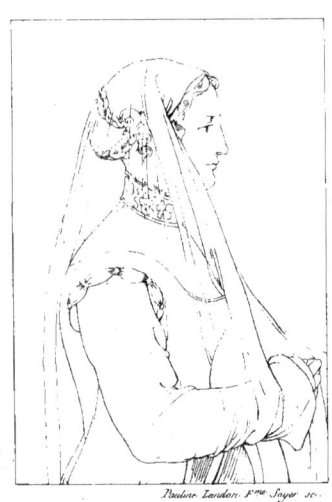

Pauline Landon. F.me Soyer sc.

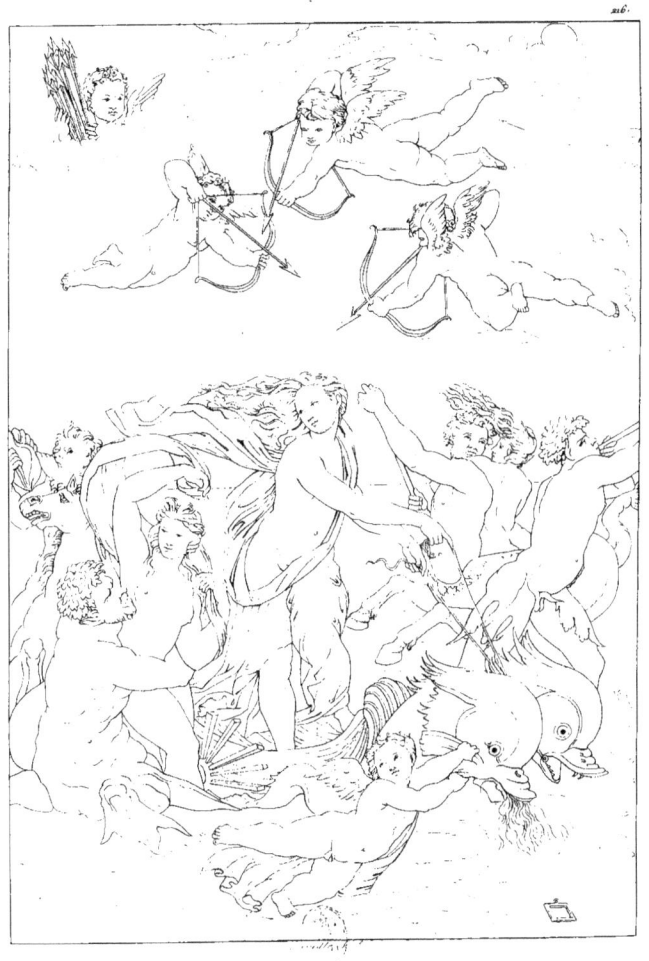

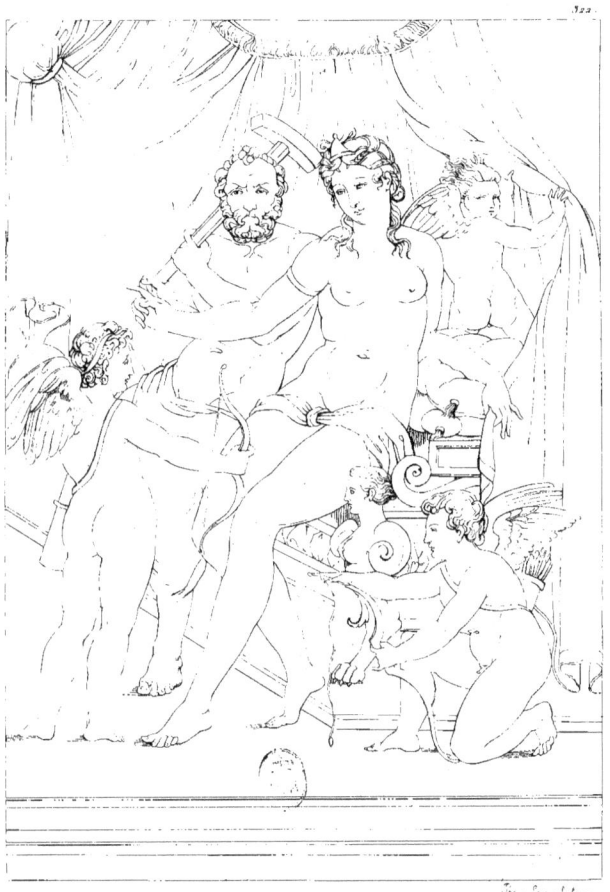

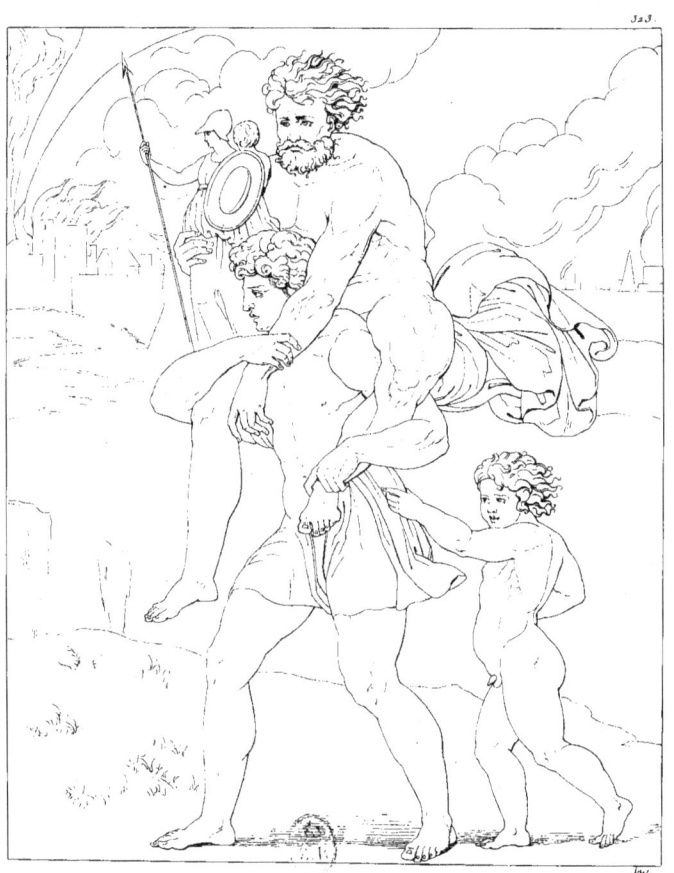

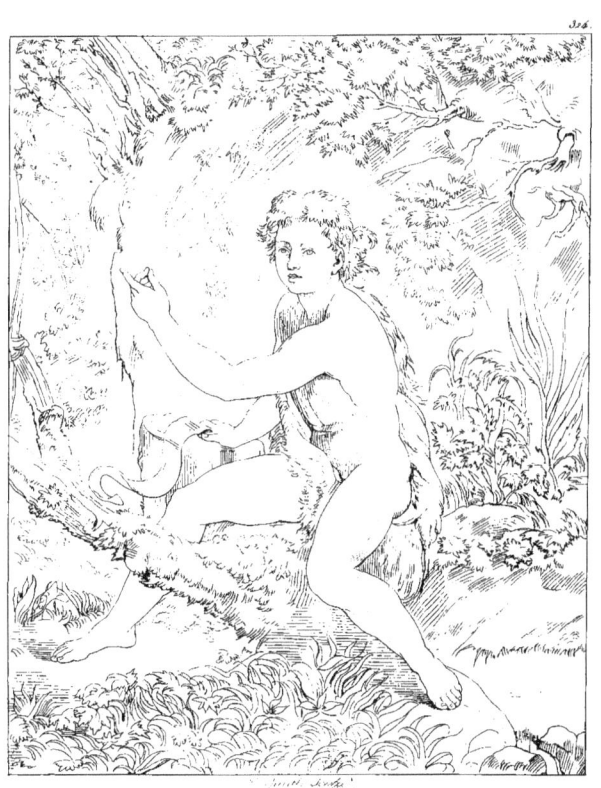

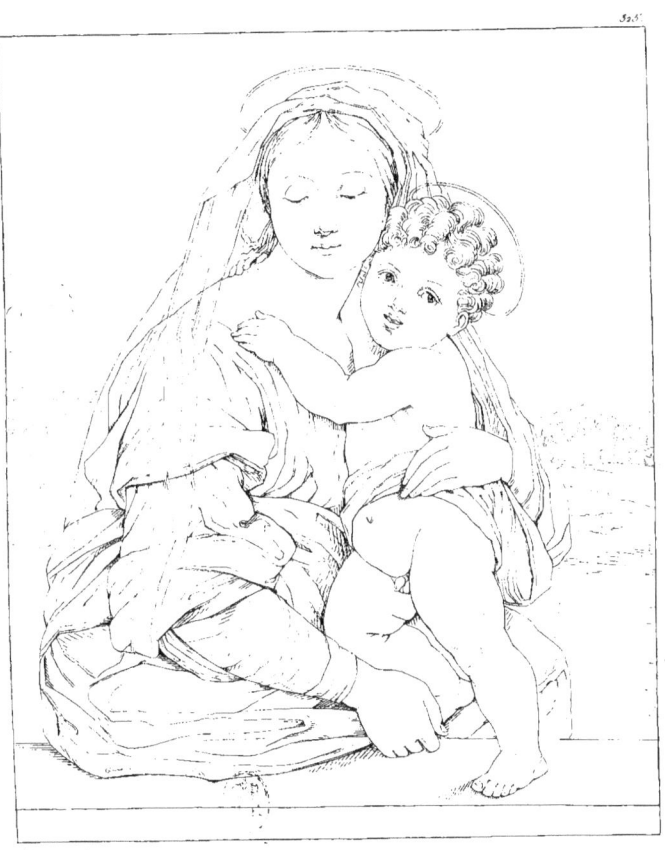

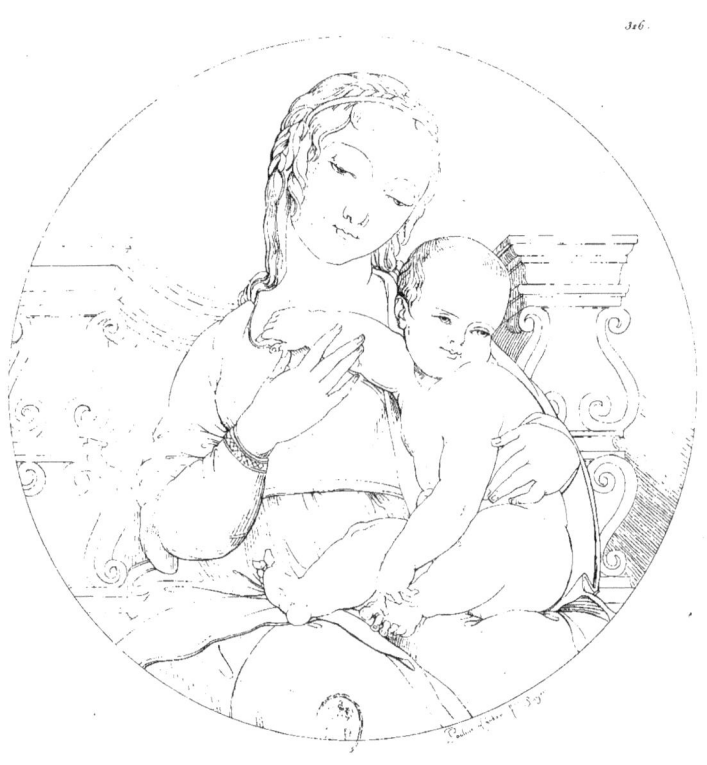

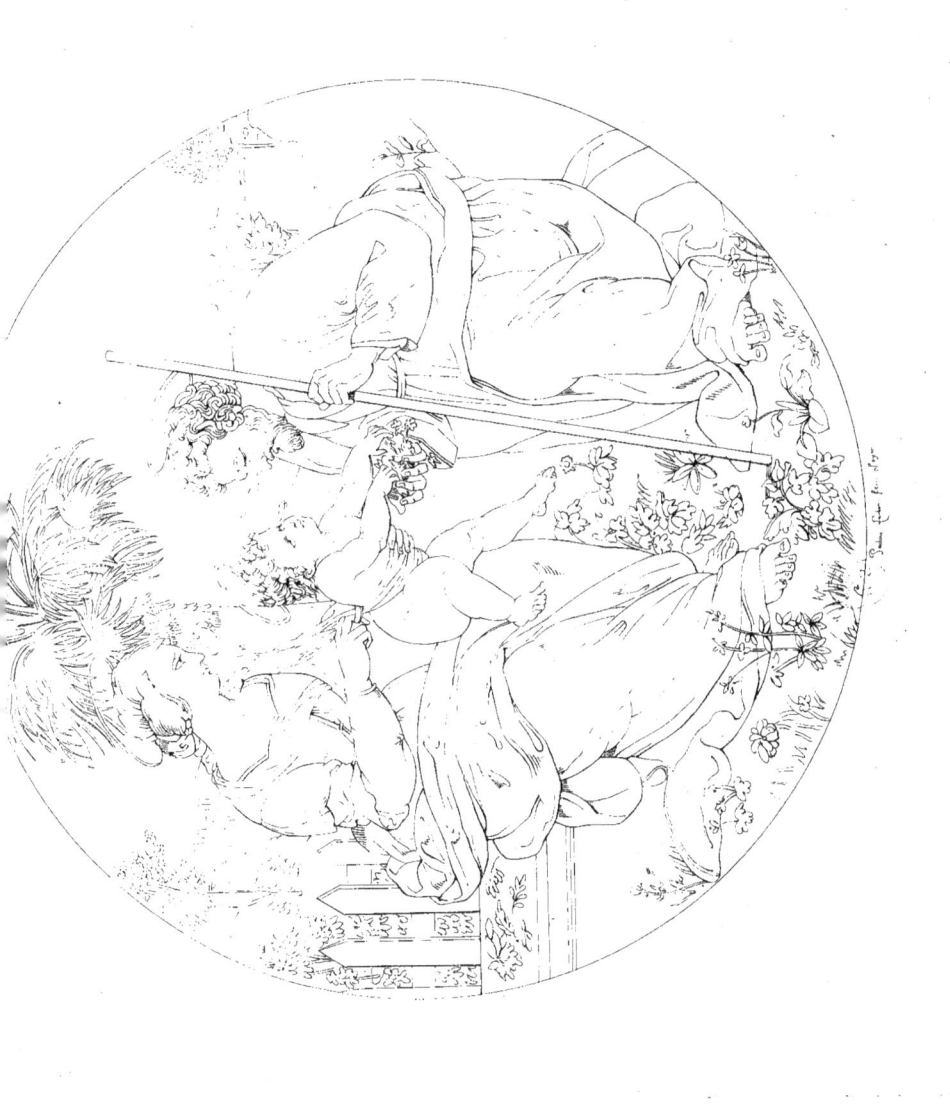

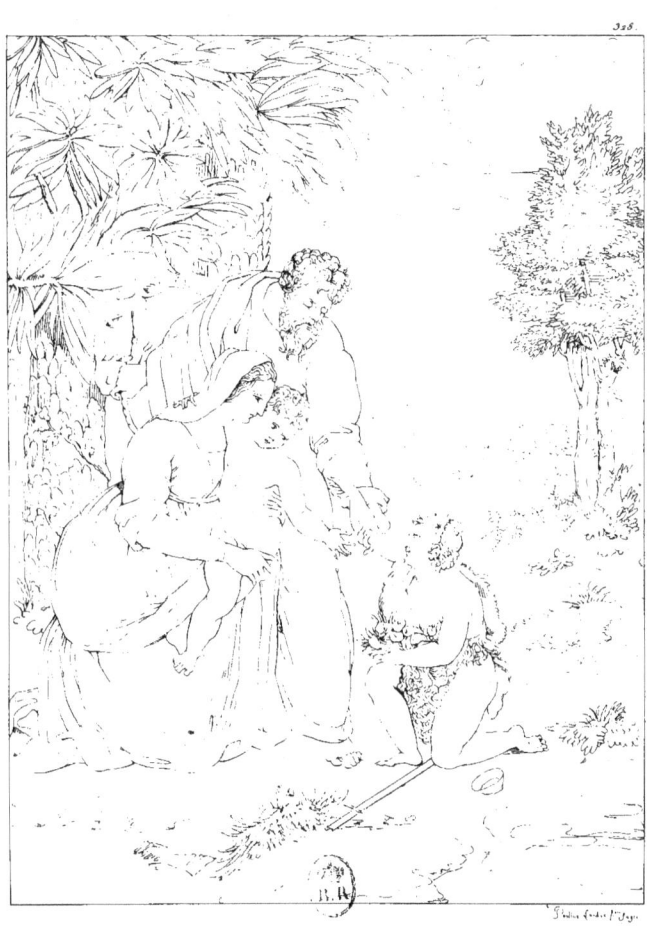

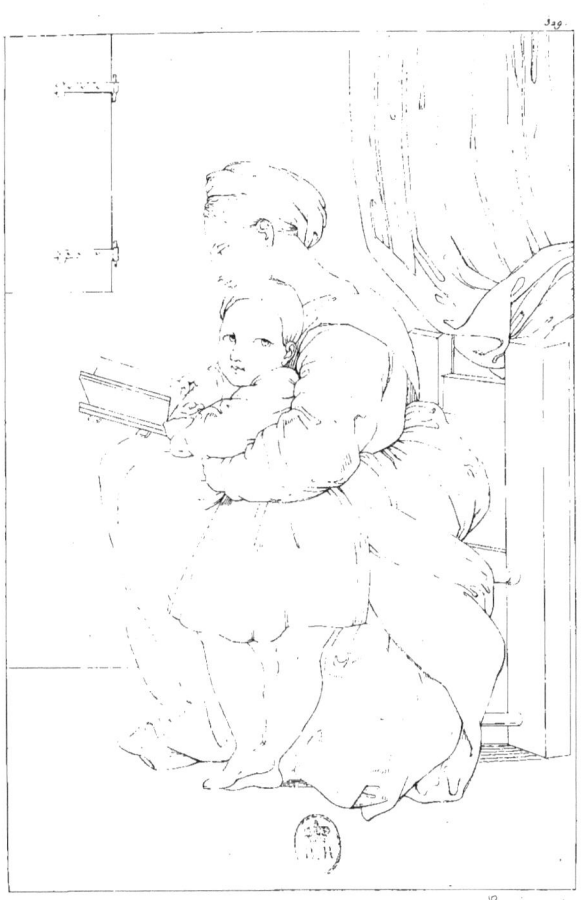

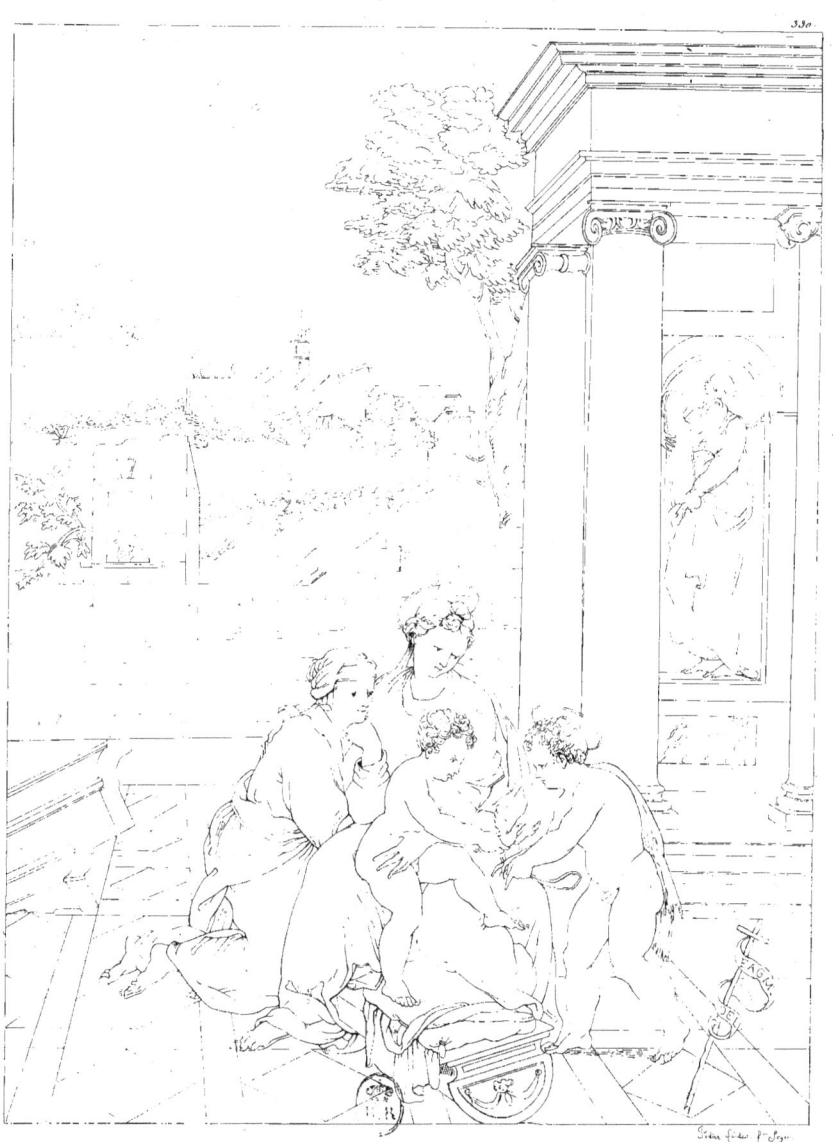

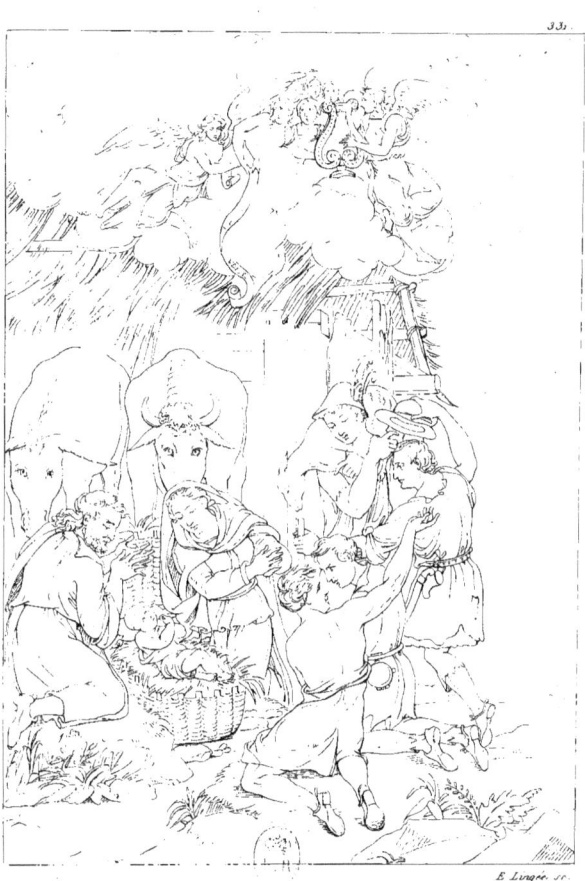

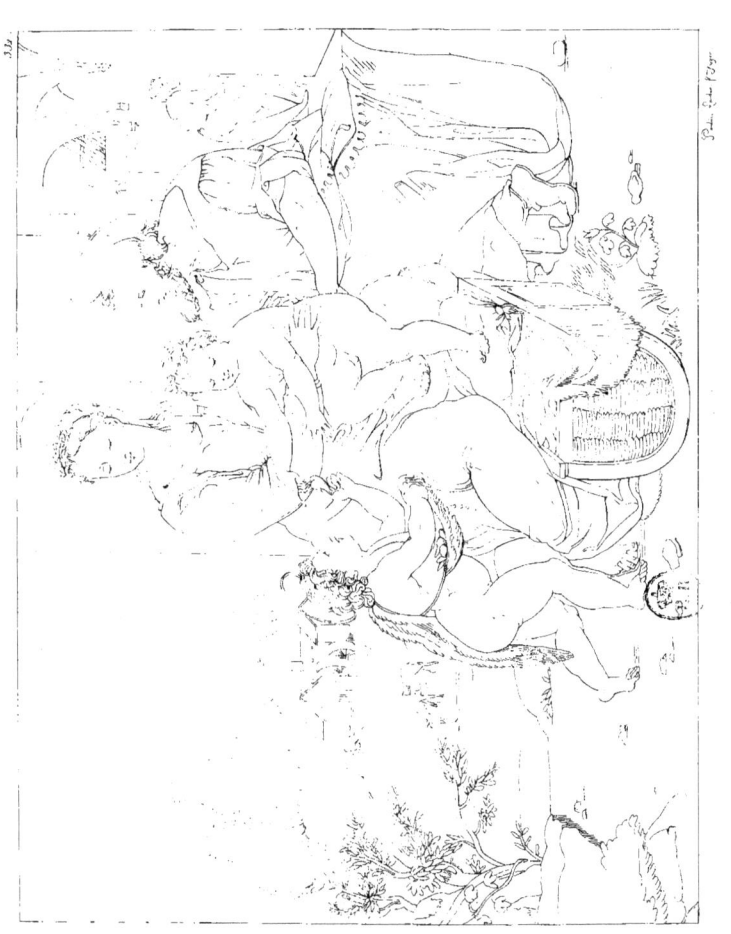

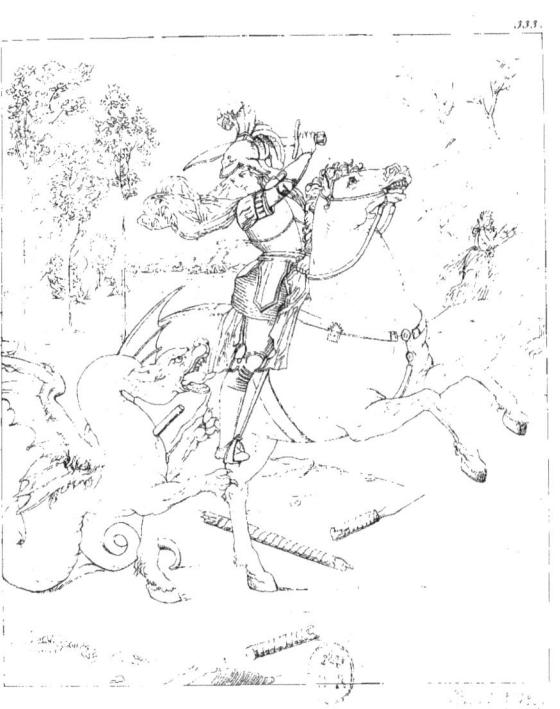

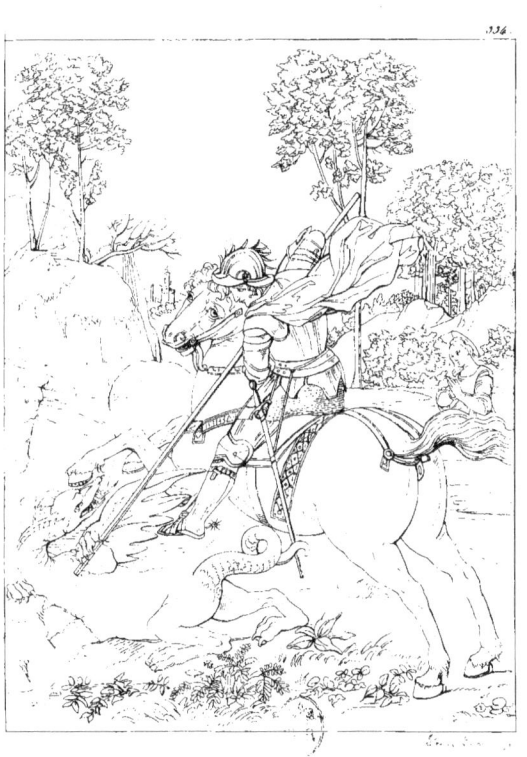

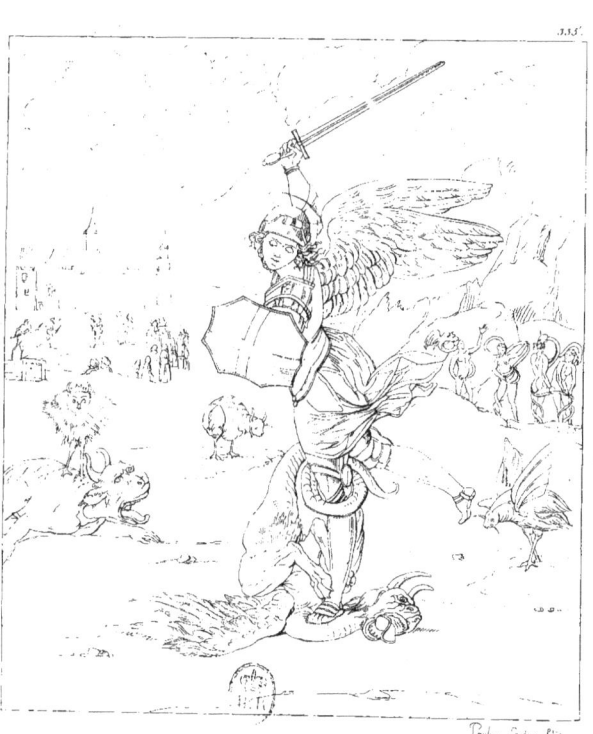

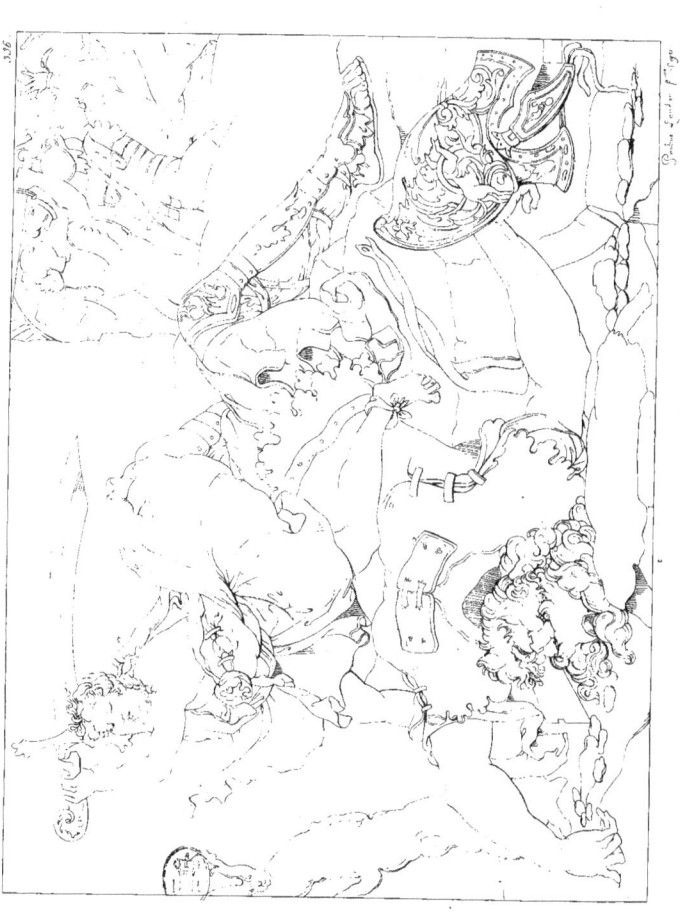

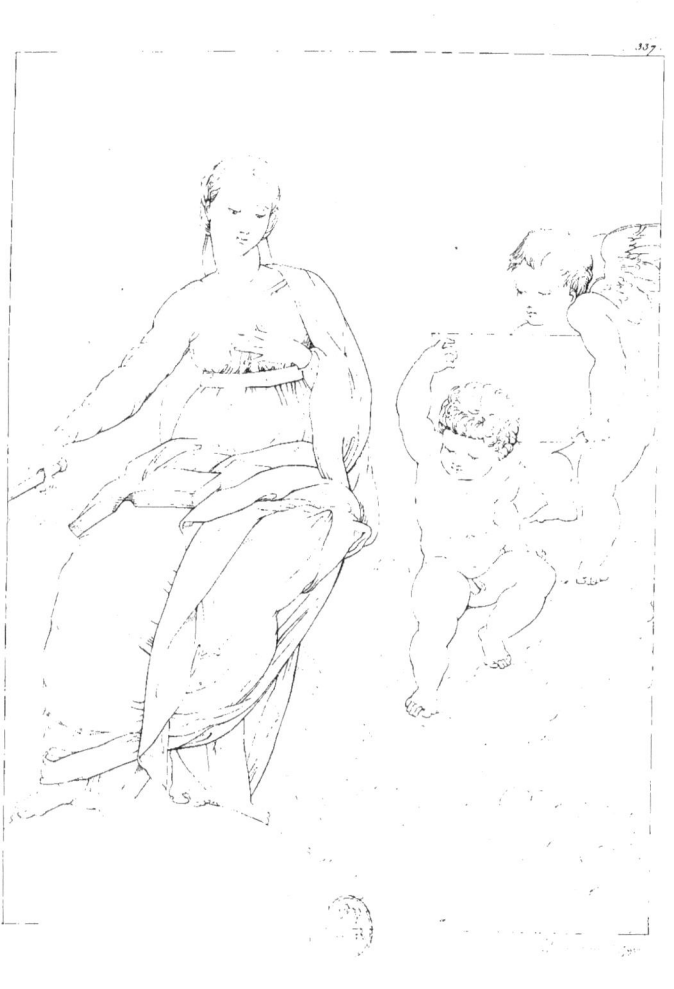

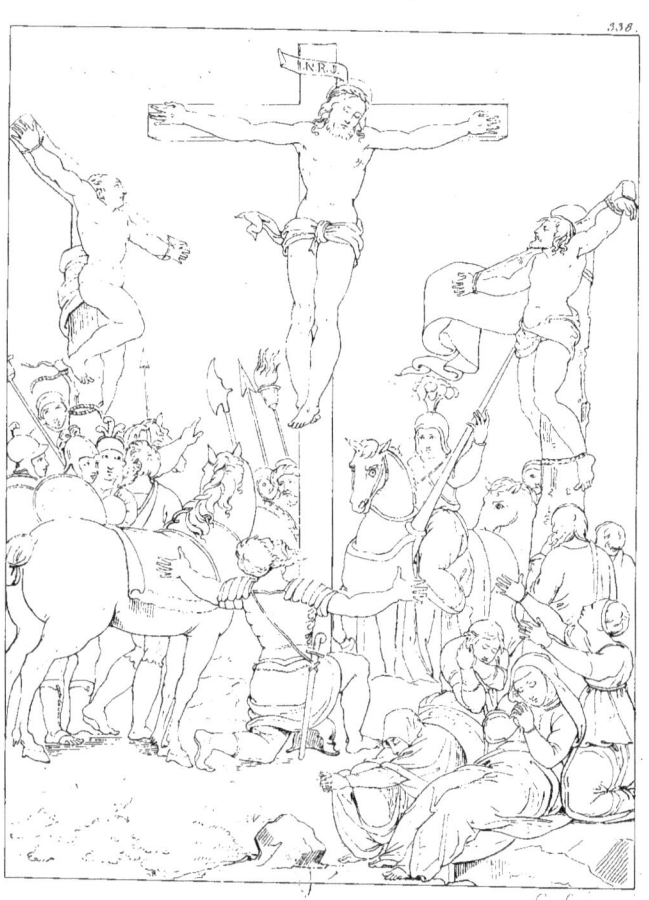

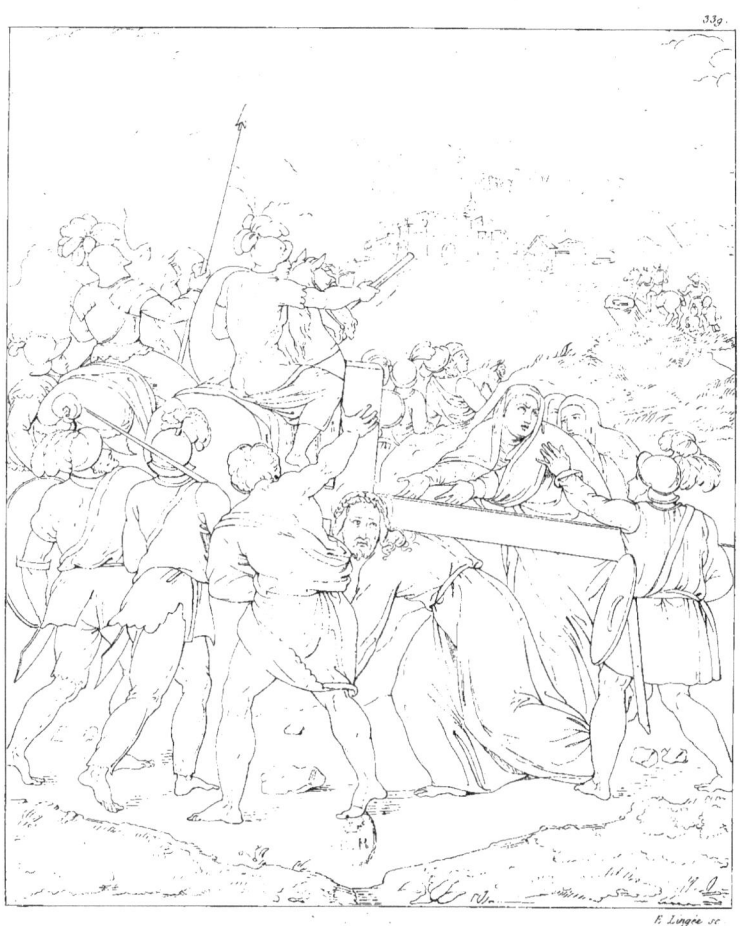

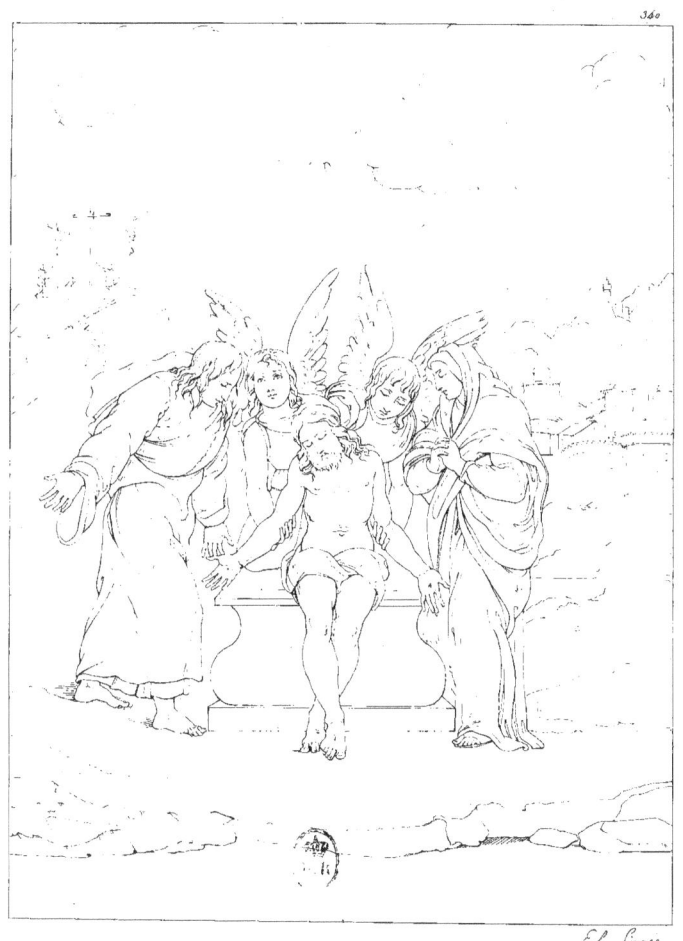

El Lingeo

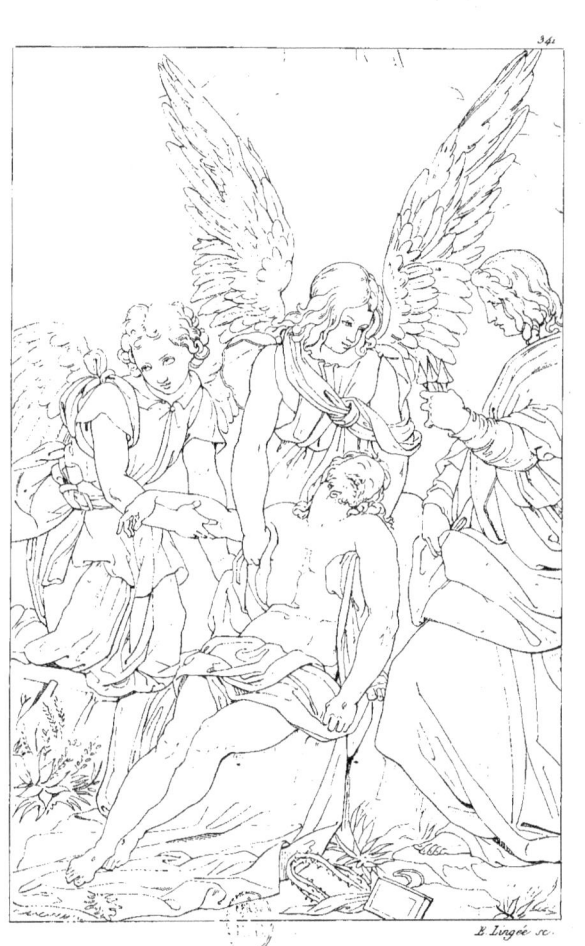

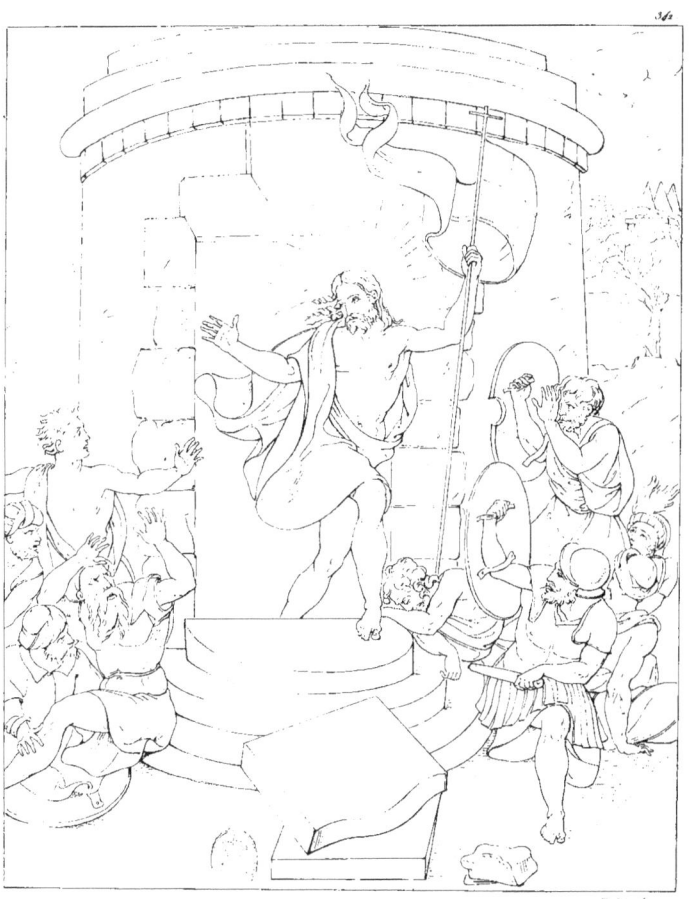

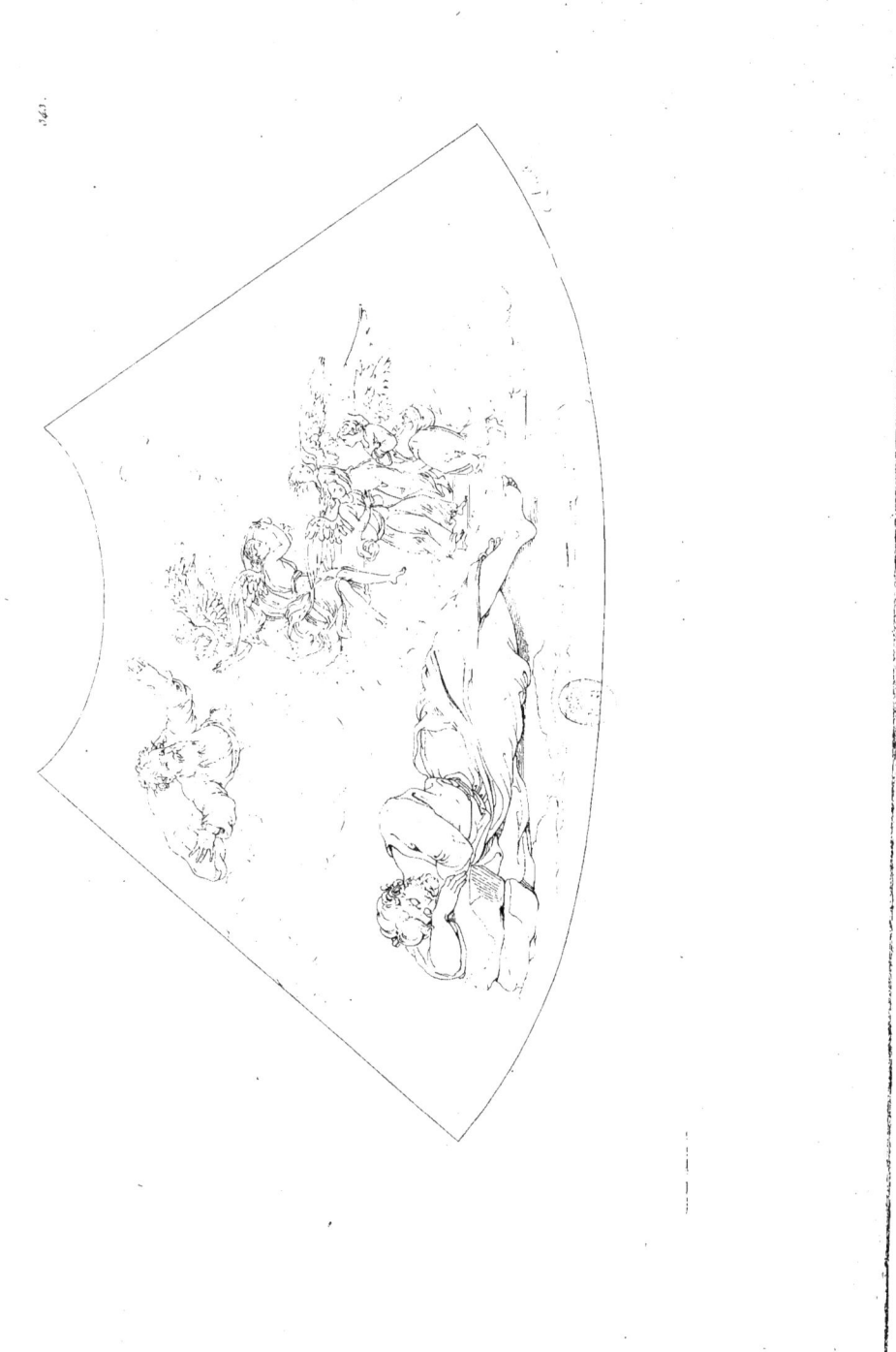

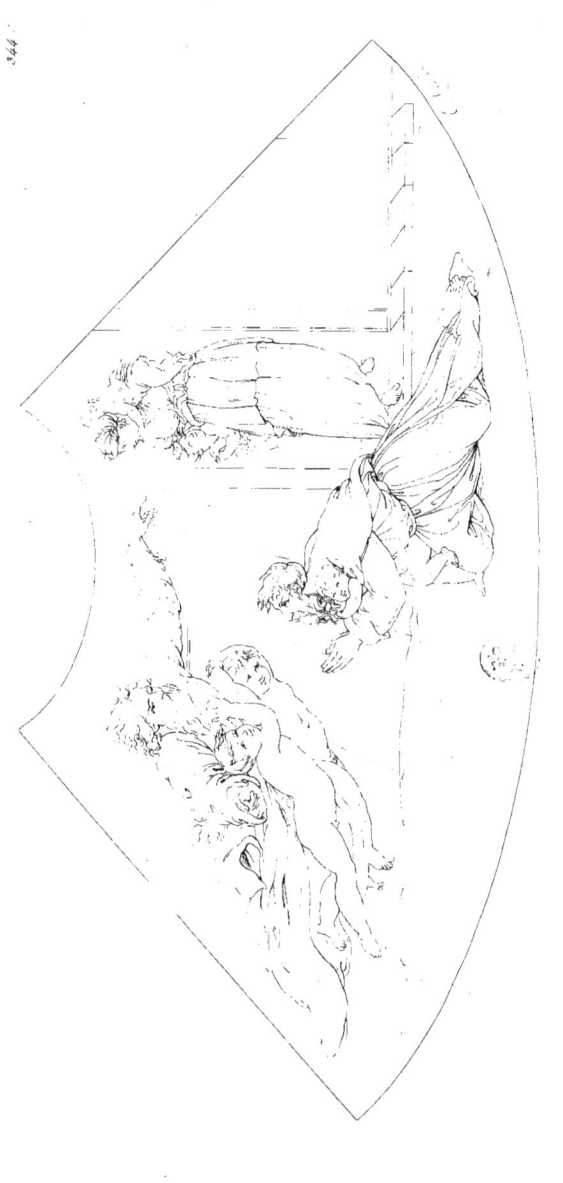

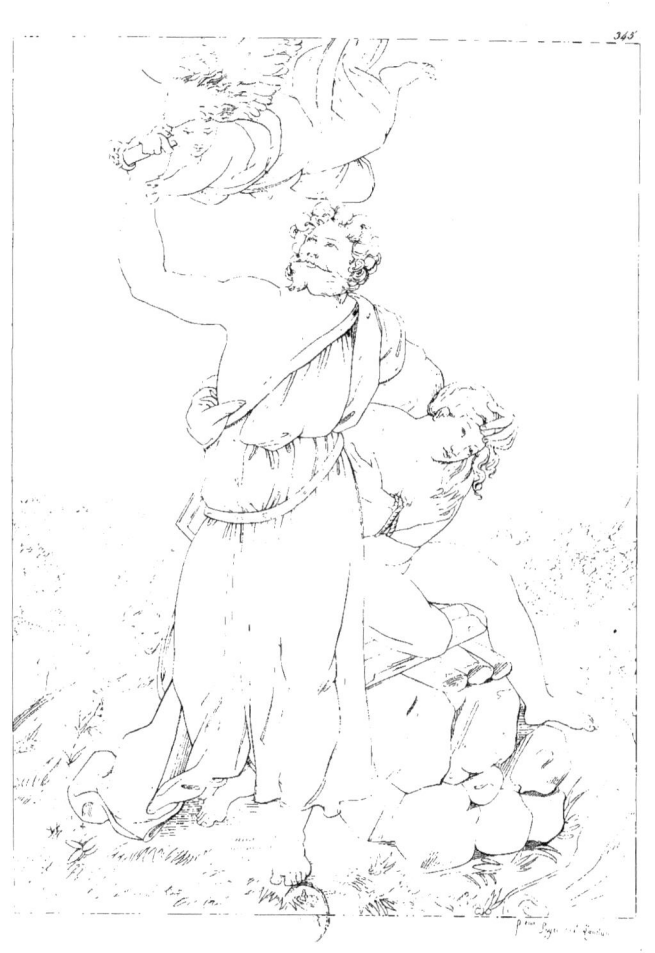

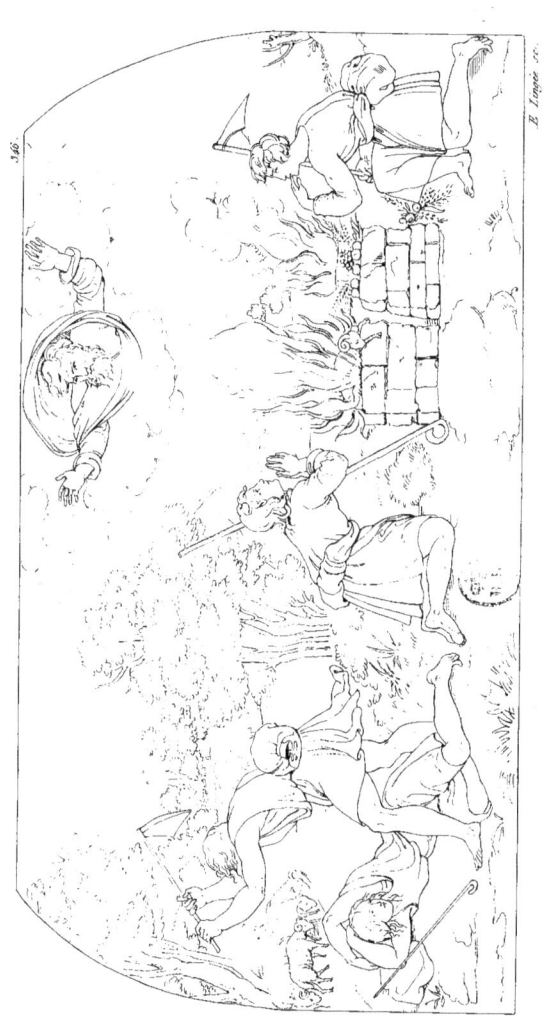

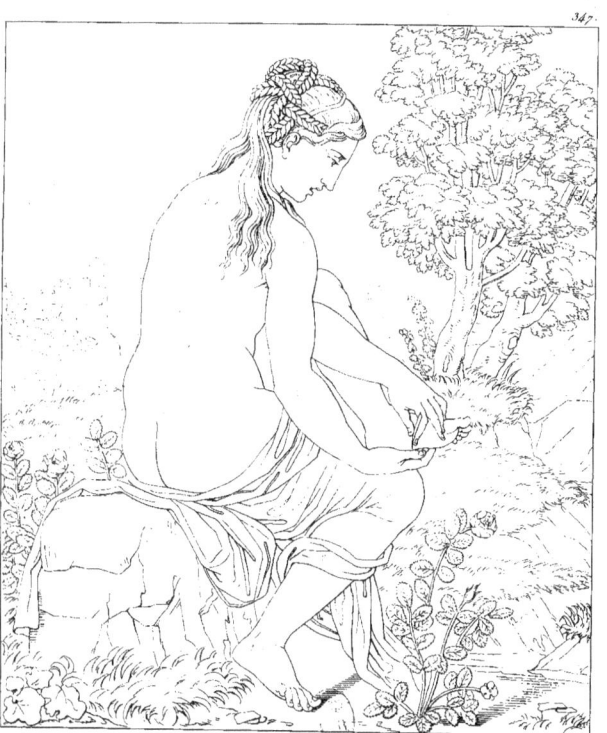

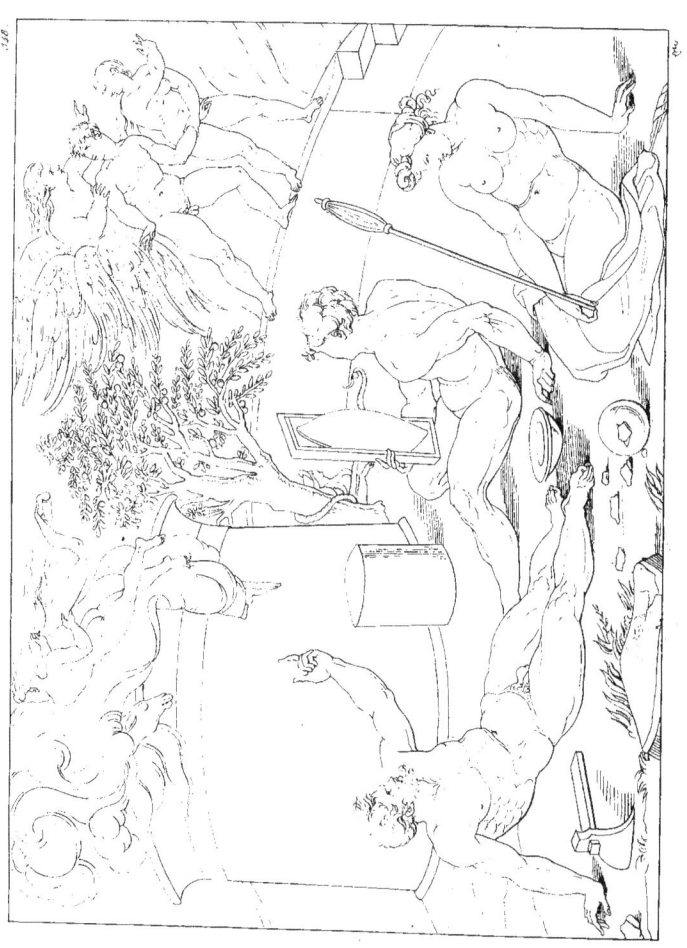

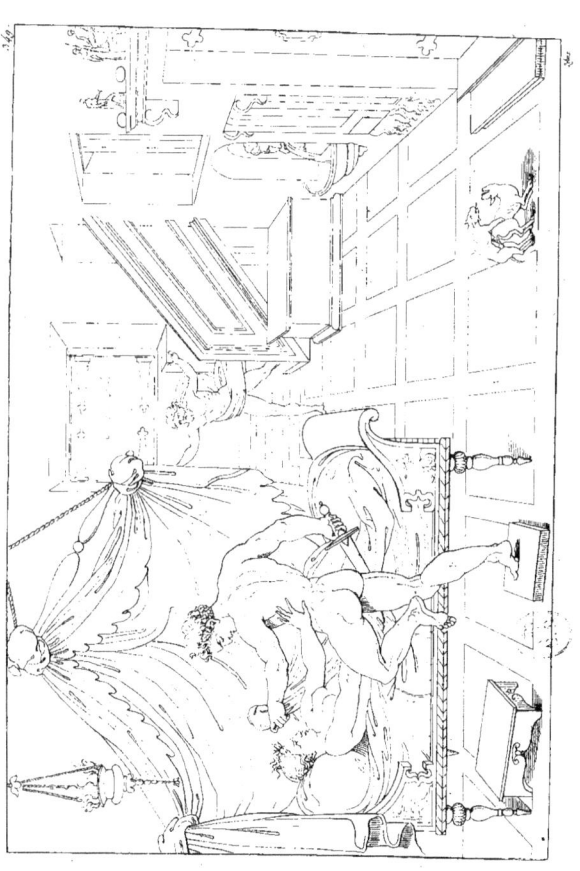

SUITE
DE
LA TABLE DES PLANCHES
DE L'OEUVRE DE RAPHAËL.

DE L'ŒUVRE DE RAPHAEL.

PL. CCXXXVII. Neptune calme les Flots soulevés par les Vents. Cette pièce capitale, singulièrement composée et distribuée, représente plusieurs sujets tirés de l'Énéide : elle est connue sous le titre de *Quos Ego*, à cause du sujet qui tient le milieu de la pièce. Elle a été gravée par *Marc-Antoine*, et, depuis, retouchée avec le nom de *Salamanque*.

PL. CCXXXVIII. Martyre de S. Jean devant la Porte Latine. Cette composition est la même que celle du martyre de Sainte Félicité, par Raphaël : il n'y a d'autre différence que celle de la figure principale. Grav. *Marc-Antoine; Gantrel.*

PL. CCXXXIX. Joseph amené de la Prison devant le Roi. Cette composition et celles des treize planches suivantes, dont les sujets, excepté les trois derniers, sont tirés de l'Ancien et du Nouveau Testament, ont été exécutées en camaïeu, d'après les dessins de Raphaël, dans les bordures des tapisseries du Vatican. *Pietro Sante* en a gravé la suite complète.

PL. CCXL. Moyse fait rentrer dans leur lit les Flots de la Mer-Rouge. Grav. *Id.*

PL. CCXLI. Le Seigneur donne les Tables de la Loi a Moyse. Grav. *Id.*

PL. CCXLII. L'Annonciation. Grav. *Id.*

PL. CCXLIII. Jésus-Christ donne les Clefs a S. Pierre. Grav. *Id.* Cet sujet a encore été gravé à l'eau-forte par un anonyme, et en clair-obscur par *Hugo da Carpi*. Il l'a été, avec quelques changemens, par des anonymes, par *Beatricet*, et enfin par *Dorigny*, dans la collection d'Hamptoncourt.

PL. CCXLIV. La Pêche Miraculeuse. Grav. *Pietro Sante Bartoli.*

PL. CCXLV. Jésus-Christ, ressuscité, retourne a Jérusalem. Grav. *Id.*

PL. CCXLVI. S. Paul, partant pour Jérusalem, se sépare des Prêtres éphésiens. Grav. *Id.*

PL. CCXLVII. 1. Festus fait amener devant lui S. Paul, accusé par les Juifs. 2. Des Éphésiens ayant entendu la parole de S. Paul, reçoivent le Baptême. Grav. *Id.*

PL. CCXLVIII. La Chute de Simon le Magicien. Grav. *Id.*

PL. CCXLIX. 1. S. Paul prêchant a Éphèse. 2. Les enfans d'Israel achèvent le voile du Tabernacle.

TABLE DES PLANCHES

Pl. CCL. 1. Jésus-Christ au milieu des Apôtres. 2. Le Sacrifice de la Messe, célébré par le Souverain Pontife. Grav. *Id.*

Pl. CCLI. Prêtres, Diacres et Ministres de l'Église. Grav. *Id.*

Pl. CCLII. 1. La Donation de Constantin a l'Église. 2. Supplice du fils de Séleucus. Grav. *Id.*

Pl. CCLIII. Retour du Légat Jean de Médicis a Florence, après la mort de Laurent son père. Ce sujet et les suivans, jusqu'à la Pl. CCLXVII exclusivement, sont également tirés des bordures des tapisseries du Vatican, où ils ont été exécutés en camaïeu, d'après les dessins de Raphaël. Ils ont été gravés par *Pietro Sancte*, et font suite aux quatorze planches précédentes. Ces derniers représentent les événemens les plus remarquables de la vie de Jean de Médicis, élu pape sous le nom de Léon X, depuis sa légation d'Etrurie jusqu'à son pontificat.

Pl. CCLIV. Les Citoyens de Florence se portent en foule au-devant du Légat Jean de Médicis. Grav. *Id.*

Pl. CCLV. Le Légat Jean de Médicis se sauve de Florence, au milieu du tumulte, sous les habits d'un Religieux. Près de la figure gigantesque qui sort de la terre, sont écrits ces mots : *Terræ motus*. Grav. *Id.*

Pl. CCLVI. Les Florentins ayant chassé les Médicis, dévastent leur Palais. Grav. *Id.*

Pl. CCLVII. Les Florentins enlèvent les Statues, les Tableaux et les Livres que Cosme et Laurent de Médicis avaient amassés pendant soixante années. Grav. *Id.*

Pl. CCLVIII. Après la défaite de Ravennes, le Légat Jean de Médicis se rend a Frédéric Gonzague Bosoli. Grav. *Id.*

Pl. CCLIX. Le Légat, captif, trouve la liberté et la sécurité au milieu de ses Ennemis. Grav. *Id.*

Pl. CCLX. Ceux qui avaient conspiré contre les Médicis sont condamnés a mort. Grav. *Id.*

Pl. CCLXI. Cinq mille habitans de Pratto, qui n'avaient pu fuir, sont massacrés. Grav. *Id.*

Pl. CCLXII. Après la prise de Pratto, Jean et Julien de Médicis accordent la Vie aux Vieillards, aux Mères et aux Filles. Grav. *Id*

Pl. CCLXIII. Le Légat Jean de Médicis est reconduit a son Palais, dont il avait été chassé dix-huit années auparavant. Grav. *Id.*

DE L'ŒUVRE DE RAPHAËL.

Pl. CCLXIV. Ridolphe le Gonfalonier descend dans la cour du Palais, aux cris du Peuple, pour établir le Gouvernement. Grav. *Id.*

Pl. CCLXV. Après la mort de Jules II, le cardinal Jean de Médicis se rend au Conclave. Grav. *Id.*

Pl. CCLXVI. 1. Jean de Médicis, élu Pape sous le nom de Léon X, reçoit l'Hommage des Cardinaux. 2. Le Tibre; la Basilique du Vatican. Grav. *Id.* (*Voy.*, pour plus ample explication, la *Vie de Léon X.*)

Pl. CCLXVII. Travaux de Peinture. Ce sujet, et ceux que contiennent les dix-huit planches qui suivent, ont été tirés des camées du Vatican composés par Raphaël, et peints d'après ses dessins, à l'imitation de l'antique. Les figures sont de très-petite proportion. Grav. *Pietro Sancte Bartoli.*

Pl. CCLXVIII. Danseuses. Grav. *Id.*

Pl. CCLXIX. Danseuses. Grav. *Id.*

Pl. CCLXX. Danseuses. Grav. *Id.*

Pl. CCLXXI. Danseuses. Grav. *Id.*

Pl. CCLXXII. 1. Sacrifice. 2. Sacrifice. Grav. *Id.*

Pl. CCLXXIII. Un Triton, un jeune Faune et un Monstre marin. Grav. *Id.*

Pl. CCLXXIV. Jeune Faune, Triton et Monstre marin. Grav. *Id.*

Pl. CCLXXV. Triton; Néréide; Monstre marin. Grav. *Id.*

Pl. CCLXXVI. Triton portant une Néréide, et combattant un Monstre marin. Grav. *Id.*

Pl. CCLXXVII. Triton accompagné d'une Néréide, et combattant un Monstre marin. Grav. *Id.*

Pl. CCLXXVIII. Combat d'un Triton et d'un Monstre marin.

Pl. CCLXXIX. Combat d'un Triton, accompagné d'une Néréide, contre un Monstre marin. Grav. *Id.*

Pl. CCLXXX. Un Triton, portant un jeune Homme, combat un Monstre marin. Grav. *Id.*

Pl. CCLXXXI. 1. Esclave. 2. Pan et Chiron. Grav. *Id.*

Pl. CCLXXXII. 1. Combat. 2. Allégorie. Grav. *Id.*

Pl. CCLXXXIII. 1. Sacrifice Nuptial. 2. Triomphe de Bacchus indien. Grav. *Id.*

Pl. CCLXXXIV. 1. L'Étude. 2. La Poésie.

Pl. CCLXXXV. Broyeur de couleurs et dessinateur. 2. Allégorie.

PL. CCLXXXVI. 1. GROUPE D'ANGES. Dessin tiré du Cabinet de J. G. Legrand, architecte. (*Inédit*.) 2. N. S. JÉSUS-CHRIST. Ce sujet, et ceux que contiennent les trois planches suivantes, représentent les douze Apôtres, et ont été gravés par *Marc-Antoine*, ensuite copiés par *Ravignano*, puis gravés en bois par un inconnu. Il y a une autre gravure in-18, de *Giamberlanus*, en Flandre, avec l'adresse de *Vischer*. Ces sujets ont encore été gravés par un amateur allemand, vivant; et dernièrement au trait, par M. *Marchand*.

PL. CCLXXXVII. S. PIERRE; S. PAUL; S. ANDRÉ; S. JEAN. Grav. *Id*.

PL. CCLXXXVIII. S. THADÉE; S. MATHIAS; S. SIMON; S. MATHIEU. Grav. *Id*.

PL. CCLXXXIX. S. THOMAS; S. JACQUES LE MINEUR; S. BARTHÉLEMY. Grav. *Id*.

PL. CCXC. S. PAUL ET UN AUTRE APÔTRE. Dessin tiré du Cabinet de Caylus, et gravé par cet amateur.

PL. CCXCI. LE LÉVITE D'ÉPHRAÏM. Dessin tiré du Cabinet de M. Denon. (*Inédit*.)

PL. CCXCII. L'ADORATION DES BERGERS.

PL. CCXCIII. L'ADORATION DES BERGERS. Gravé dans le XVIe siècle par un graveur inconnu. Gravé en bois.

PL. CCXCIV. LA SAINTE-FAMILLE. Grav. *Marc-Antoine*. Il existe trois copies, sans noms, de la planche originale.

PL. CCXCV. LA VIERGE ET L'ENFANT-JÉSUS AVEC S. JÉRÔME : Un Ange présente à la Vierge un Jeune Homme tenant un Poisson. Ce tableau, connu sons le titre de *la Vierge au Poisson*, se voit à Saint-Laurent de l'Escurial. Hauteur, 7 pieds 4 pouces; largeur, 5 pieds 3 pouces. Grav. *Fernando Selma*, 1782.

PL. CCXCVI. LE PORTEMENT DE CROIX. Ce tableau, connu sous le nom de *lo Spasimo di Sicilia*, est l'un des plus beaux de Raphaël pour la force et la beauté de l'expression. Il fut peint à Rome pour être placé ensuite dans l'église Notre-Dame de *lo Spasimo*. Il se trouva englouti par la mer; mais il fut retrouvé sans avoir souffert aucun dommage. Il se voit maintenant au Palais du Roi, à Madrid. *Mengs* en a donné une description très-détaillée, et en a fait un très-grand éloge. *Augustin de Venise* en a donné la gravure, sans rendre néanmoins la beauté de l'original.

PL. CCXCVII. LE CHRIST MORT SUR LES GENOUX DE LA VIERGE. Dessin à la plume, tiré du Cabinet de M. Denon. (*Inédit*.)

PL. CCXCVIII. LE CHRIST AU TOMBEAU. Grav. *Vosterman*; C. *Galle*.

DE L'ŒUVRE DE RAPHAEL.

Pl. CCXCIX. Bataille de Constantin-le-Grand contre Maxence. On voit, d'un côté, Constantin à la tête de son armée, poursuivant, une javeline à la main, les ennemis, qui fuient devant lui, et tâchent de passer le pont; sur le devant, dans les eaux du Tibre, on reconnaît Maxence, monté sur un cheval, et près de se noyer.

Ce tableau, remarquable par la variété, la grandeur et la richesse de la composition, orne la salle dite *de Constantin*, au palais du Vatican. Après avoir fait tous les cartons des peintures de cette salle, Raphaël se disposait à peindre à l'huile cette célèbre bataille, et déjà il avait exécuté deux figures latérales représentant la Justice et la Bienveillance, lorsque la mort l'arrêta dans le cours de cette belle entreprise. Ce fut Jules Romain qui la continua par ordre de Clément VII. L'appareil préparé pour la peinture à l'huile fut abattu, et tout fut exécuté à fresque, à l'exception des deux figures qui étaient de la main de Raphaël, et qui furent conservées. Grav. *J. B. de Cavalleriis; Scalberge; Acquila; Woiriot; Pavilon;* autre, *inconnu.*

Pl. CCC. Le Miracle des cinq Pains. Immense et admirable composition, dont on ignore la destination et l'origine (1). Grav. *Gianbatista de Cavalleriis; Nolin.*

Pl. CCCI. Apparition de la Croix a Constantin, lorsqu'il haranguait ses soldats avant d'aller combattre Maxence. Ce tableau, placé dans la salle de Constantin, près de la Bataille contre Maxence, a été également exécuté à fresque, d'après les dessins de Raphaël. Grav. *Acquila.*

Pl. CCCII. Le Baptême de Constantin-le-Grand. Cet empereur reçoit le baptême des mains de S. Sylvestre, représenté sous les traits de Clément VII. Le pontife baptise Constantin dans les mêmes fonts qui sont encore aujourd'hui à Saint-Jean-de-Latran, et que l'empereur fit construire à cette occasion. On attribue l'exécution de cette fresque, placée vis-à-vis de la précédente, à François Penni, dit *le Fattore*, élève de Raphaël. Les peintures de la salle de Constantin furent terminées en 1524. Grav. *François Acquila.*

Pl. CCCIII. Jésus Prêchant dans la Barque. Grav. *Jean Audran.*

Pl. CCCIV. Le Parnasse. Tel est le titre de ce tableau, qu'on voit dans la troisième chambre de Raphaël, l'une des deux chambres de la Signature, au Vatican. Il représente le Mont-Parnasse, où l'on aperçoit les neuf Muses, avec Apollon qui joue d'un instrument. Au-dessous, et de chaque côté, sont plusieurs poètes, tant anciens que modernes, Homère, Virgile, Ovide, Ennius, Tibulle, Catule,

---

(1) Lorsqu'à l'indication du sujet on ne joint pas ici quelque autre indication, soit de la nature de l'exécution, soit du lieu où l'original est conservé, c'est qu'on n'a pu s'en procurer aucune. La collection immense des ouvrages de Raphaël présente de nombreuses incertitudes; quelques-uns même de ces originaux ne se retrouvent plus : mais lorsqu'ils ont été gravés par des contemporains, avec le nom du maître, on ne peut douter de leur authenticité.

Sapho, Properce, le Dante, Sannazar, Bocace, Tibaldei, etc. Grav. *Acquila; Vouillemont; Jacques Mathan; Volpato.*

PL. CCCV. LA REINE DE SABA REND HOMMAGE A SALOMON. Raphaël a traité le même sujet d'une autre manière dans les loges du Vatican. *Voyez* planche LVI. Grav. *inconnu.* La planche a été faussement attribuée à *Marc-Antoine.*

PL. CCCVI. ALEXANDRE OFFRANT LA COURONNE A ROXANE. Dessin tiré du Musée Napoléon. Il est tracé à la plume, lavé au bistre, et relevé de blanc. La même composition, avec quelques variantes, a été répétée par le maître, et se trouve dans le cabinet de M. Roger de la Goy. Grav. *Marc-Antoine; Caylus; Jean Volpato; Cochin.*

PL. CCCVII. JUSTIFICATION DE LÉON III DEVANT CHARLEMAGNE. Le pape Léon III jure sur l'évangile, en présence de l'empereur, des cardinaux et des archevêques, pour se justifier des calomnies dont on l'a chargé. Ce tableau est placé dans la quatrième et dernière chambre de Raphaël, au Vatican, dite la chambre de *Torre-Borgia.* Grav. *François Acquila.*

PL. CCCVIII. NEPTUNE CALME LES FLOTS SOULEVÉS PAR LES VENTS. Raphaël a traité deux fois ce sujet, et l'a accompagné de plusieurs scènes accessoires dans une grande pièce gravée par *Marc-Antoine.* Voyez planche CCXXXVII. Celle-ci est gravée par un élève de ce maître.

PL. CCCIX. DANSE DES AMOURS. On a donné, planche CCXIX, le même sujet, composé d'un moindre nombre de figures, et avec de légères différences dans le groupe. Grav. *anonyme, moderne.*

PL. CCCX. APOLLON ET DAPHNÉ. Ce dieu, poursuivant la nymphe qui le fuit, l'atteint au moment où elle est changée en laurier. Grav. *Aug. Vénitien.*

PL. CCCXI. COMBAT D'ENTELLE ET DE DARÈS. Sujet tiré de l'Enéide. Grav. *Marc Ravignano,* nommé improprement *Sylvestre de Ravenne.*

PL. CCCXII. ADAM SORTANT DES MAINS DU CRÉATEUR. Grav. *A. Blooteling.* — JUDITH. Grav. *Marc-Antoine.*

PL. CCCXIII. EVE PRÉSENTE LA POMME A ADAM. Peint à la voûte de la troisième chambre de Raphaël, au Vatican. Grav. *Nicolas Bocquet, à Rome* 1691; *Wuibert; Acquila.*

PL. CCCXIV. EMBLÊME DE LA FORCE. Grav. *Marc-Antoine; Augustin Vénitien.*

PL. CCCXV. SUJET ALLÉGORIQUE. L'Amour est monté sur un bouc, dont il saisit les cornes; l'animal s'élance et va se précipiter dans les flots. Grav. *anonyme.*

PL. CCCXVI. S. PAUL PRÊCHANT A EPHÈSE. Tel est le titre présumé de ce dessin, tiré du cabinet de M. Denon. Il est tracé légèrement à la plume, lavé au bistre, et l'ovale est entouré d'ornemens arabesques, avec figures, qui depuis y ont été ajoutés. Ils sont de la main de

Battista Franco, peintre vénitien, et paraissent avoir été destinés à être exécutés en stuc. *Inédit.*

Pl. CCCXVII. Le Prix de la Victoire. Trois jeunes filles présentent une couronne et des palmes à une de leurs compagnes qui vient de remporter le prix. Dessin *inédit.*

Pl. CCCXVIII. Eve présente la Pomme a Adam. Dessin *inédit.*

Pl. CCCXIX. Quatre Portraits. Le premier représente Alphonse d'Est, premier du nom, duc de Ferrare. Grav. *Van-Dalen.*

Le second est celui d'un jeune homme âgé de quatorze à quinze ans, coiffé d'un bonnet noir en forme de toque. On le voit au Musée Napoléon. Grav. *Edelinck; Esquivel.*

Le troisième portrait représente le comte Balthazar Castiglione, ami de Raphaël; il est peint sur bois, et a de hauteur deux pieds cinq pouces sur deux pieds deux pouces de largeur. Grav. *Persinius; Nicolas Edelinck.*

Le quatrième portrait est celui du cardinal Jules de Médicis. Hauteur, deux pieds et demi; largeur, deux pieds. Il provient, de même que le précédent, de l'ancien cabinet du roi. L'un et l'autre font maintenant partie du Musée Napoléon.

Pl. CCCXX. Etudes de Portraits. Ces trois dessins sont tirés du cabinet de M. Denon. Le premier est un croquis fait au crayon, d'après nature; le second, un carton composé pour peindre à fresque une demi-figure qu'on croit être un S. Bruno : les contours du dessin sont piqués, et prouvent que l'on en a fait usage; le troisième offre le portrait d'une femme vue de profil : on croit y retrouver les traits de la maîtresse de Raphaël. *Inédits.*

Pl. CCCXXI. Le Triomphe de Galathée, peint à fresque au palais Ghigi, à Rome. Marc-Antoine en a fait deux estampes, une grande et une petite. Autres graveurs : *Goltzius,* 1592; *Nicolas Bocquet; Nicolas Dorigny; Bernard Picart; Dominique Cunégo,* 1771.

Pl. CCCXXII. Vénus et Vulcain. Grav. *A. Ghisi,* dit *Georges Mantuan.*

Pl. CCCXXIII. Enée et Anchise. Grav. en clair-obscur, *Ugo da Carpi* 1518; *Beatricet.*

Pl. CCCXXIV. S. Jean-Baptiste dans le Désert. Tableau du cabinet du roi, peint sur toile; hauteur, environ quatre pieds. Grav. *Simon Vallée.*

Pl. CCCXXV. La Sainte-Famille. Tableau du cabinet d'Orléans, maintenant en Angleterre. Grav. *Ch. Flipart; Louis Petit.*

Pl. CCCXXVI. La Vierge et l'Enfant-Jésus. Etude d'une partie d'un grand tableau représentant la Vierge, l'Enfant-Jésus et plusieurs Saints, qui était autrefois au Musée Napoléon, et qui a été donné depuis à l'académie de Gand. Grav. *J. G. Raber.*

Pl. CCCXXVII. La Sainte-Famille. Tableau du cabinet d'Orléans. Grav. *Œgid. Rousselet; Jean Raimond.*

Pl. CCCXXVIII. Le Repos en Egypte. Grav. *Bonasone.*

TABLE DES PLANCHES

Pl. CCCXXIX. La Sainte-Vierge montrant a lire a l'Enfant-Jésus. Grav. *Marc-Antoine*, et autres.

Pl. CCCXXX. La Sainte-Famille, gravée, avec des changemens, par *Chérubin Albert*, 1582; *Moro*; *Vorsterman*.

Pl. CCCXXXI. L'Adoration des Bergers. Grav. *Georges Ghisi*, dit le *Mantuan*.

Pl. CCCXXXII. Le Repos en Egypte. Grav. *inconnu*.

Pl. CCCXXXIII. S. Georges. Tableau de l'ancien cabinet du roi, maintenant au Musée Napoléon. Peint sur bois; hauteur, dix pouces huit lignes; largeur, neuf pouces et demi. Grav. *Nicolas de Larmessin*; *Nicquet*.

Pl. CCCXXXIV. S. Georges. Tableau du cabinet de Crozat. Grav. *Léonard Gaultier*; *Lucas Vorsterman*; *Nicolas de Larmessin*. Le même sujet, gravé en largeur dans un petit ovale, par un *anonyme*.

Pl. CCCXXXV. S. Michel combattant des Monstres. Tableau de l'ancien cabinet du roi, maintenant au Musée Napoléon. Peint sur bois; hauteur, onze pouces; largeur, neuf pouces et demi. Grav. *Claude Duflos*.

Pl. CCCXXXVI. David tue Goliath. Grav. *Georges Mantuan*, 1540.

Pl. CCCXXXVII. La Providence. Tableau d'une des salles du Vatican. On lit sur la tablette que tiennent les deux Anges : *Causarum cognitio*. Grav. *Marc-Antoine*; *Suavius*; *Augustin Vénitien*.

Pl. CCCXXXVIII. Jésus en Croix entre les deux Larrons. Grav. *Béatricet*, 1532.

Pl. CCCXXXIX. Portement de Croix. Grav. *Béatricet*.

Pl. CCCXL. Jésus-Christ au Tombeau. Heineken attribue cette composition à Polydore de Caravage. Grav. *Béatricet*, 1532.

Pl. CCCXLI. Jésus-Christ au Tombeau. Heineken a attribué cette pièce à André del Sarte. Grav. *Augustin Venitien*, 1516.

Pl. CCCXLII. La Résurrection de Jésus-Christ. Grav. *anonyme*, 1575.

Pl. CCCXLIII. Le Songe de Jacob. Peint à la voûte d'une des chambres du Vatican. Grav. *Acquila*.

Pl. CCCXLIV. Promesse de Dieu a Abraham. Peint à la même voûte que le sujet précédent. Grav. *Idem*.

Pl. CCCXLV. Le Sacrifice d'Abraham. Grav. *Aug. Vénitien*.

Pl. CCCXLVI. Le Sacrifice et le Meurtre d'Abel. Il en existe une gravure attribuée à *Béatricet*.

Pl. CCCXLVII. Nymphe se tirant une Epine du Pied. Grav. *anonyme*, 1532; *Marc de Ravenne*.

Pl. CCCXLVIII. Le Sacrifice de Caïn. Tel est le titre de cette composition bizarre; quelques auteurs l'ont attribuée à *Amico Aspertini*, peintre bolonais. Grav. *Augustin Vénitien*.

Pl. CCCXLIX. Tarquin et Lucrèce. Grav. *Idem*, 1523.

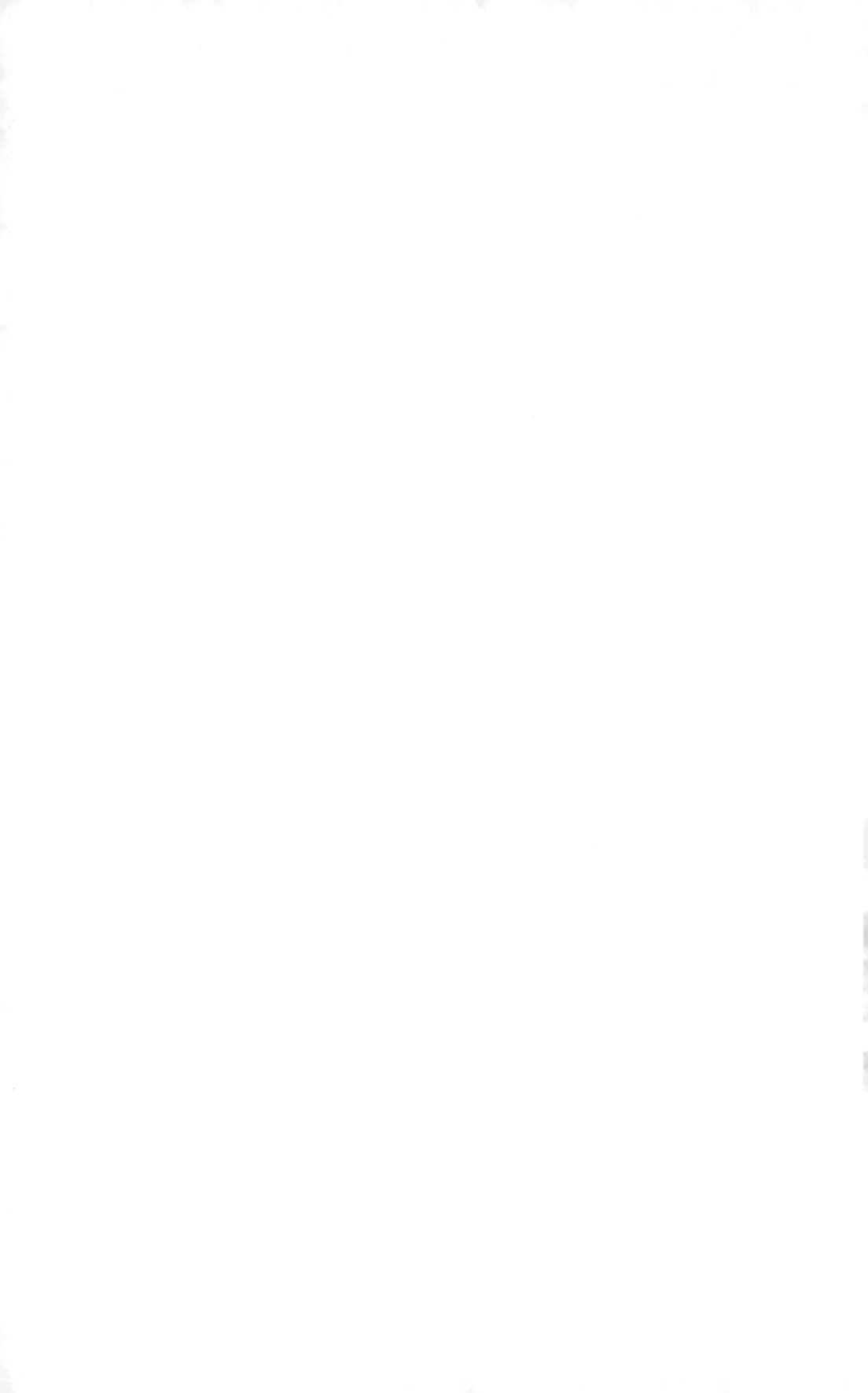

www.ingramcontent.com/pod-product-compliance
Lightning Source LLC
Chambersburg PA
CBHW070259230526
45470CB00002B/653